わかる!! わかる!! わかる!!

SPI&
WEBテスト

WAKARU!! WAKARU!! WAKARU!!

新星出版社

はじめに

　少子高齢化社会が進み、団塊の世代の定年退職や新卒者の減少により、組織を支えていく人員の確保に苦戦しているという声が企業の人事部から聞こえてくるようになりました。

　とはいえ、いろいろな意味で苦い経験をしてきた企業は、より慎重に丁寧に採用活動を進め、人物評価の精度も確実にレベルアップしています。

　このような採用環境では、自分をつくろうことなく仕事への思いや将来像など、キャリアビジョンをいかに語れるかが評価の重点ポイントになってくるでしょう。是非、就職活動の第一関門であるSPI等の適性検査をクリアして、希望する企業に対して自己のキャリアビジョンを思い切り語れるところまでたどり着いていただければと思います。

　さて、本書は「SPI3適性検査」を導入する企業への就職を希望する人のためにつくられた最終チェックの問題集です。

　試験時間のわりには問題数が多いSPI3では、短時間で問題を解くことが求められます。本書では、**本番で役立つ解法の「コツ」や「ウラワザ」を簡潔にまとめてあります**ので、解答の精度、スピードアップに必ず力になるはずです。添付の赤シートを使って、確認しながら学習すればより学習効果が上がります。

　また、「WEBテスト」の出題傾向と例題についても解説していますので参考にしてください。

　輝けるあなたをデザインするキャリアの第一歩。人生のプラスになる充実した就職活動になることを祈っています。

本書の使い方

　本書は、『"例題"で解法パターンをチェックした後、実際に"問題"にアタックして解法ポイントを確認する』というシンプルな構成になっています。

　また、本番のSPI3適性検査で役立つ「解法のコツ」や「ウラワザ」を簡潔にまとめてあります。

赤シートを使って、確認しながら学習しよう！

覚えやすいように重要箇所・解答などは赤字で印刷してあります。添付の赤シートを使うといっそう学習効果が上がりますよ。

速効ポイント

公式や解法など学習のポイント、正解を導き出すための工夫やアドバイスを明示しています。

攻略のポイントはここだ！

解答を得るまでのプロセスを丁寧に解説しています。ここで「解法のパターン」や「解法のコツ」を改めてチェックしておきましょう。

同じ意味を示す言葉を選択する。

同意語

速効POINT 示された語句で例文を作り、選択肢の語句を当てはめる。同じ漢字を含む語句に惑わされない。

> **例題** はじめに示した語句と同じ意味を持つ語句をA〜Eの中から1つ選べ。
>
> 腐心：
> A苦心　B悪心　C安心　D乱心　E異心

攻略のポイントはここだ！

はじめの語句「腐心」を含む例文を作り、右側の語句から、この例文に当てはまる語句を選ぶ。一つの例文で決めかねる場合は、いくつか例文を作って当てはめる。

例：「予防法がなく治療に腐心した」「債権回収に腐心した」など。「腐心」に置き換えて使えるのは「苦心」のみ。選択肢には同じ漢字を用いた語句や、似たような意味の語句があるので惑わされないよう注意すること。

正解⇒A

問題●はじめに示した語句と同じ意味の語句を、A〜Eの中から1つ選べ。

(1) 大家：
　　A泰斗　B旧家　C豪者　D大家族　E大工

(2) 酷薄：
　　A冷笑　B孤高　C酷似　D冷淡　E浅薄

問題の「解答」と「解説」

「問題」は基本的なものを出題しています。そして各問題の「解法ポイント」や、「出題の落とし穴」などをコンパクトに解説しています。間違えた問題は繰り返し解いて、理解するようにしましょう。

ウラワザで差をつけろ!

SPI3は時間との勝負です。ここでは素早く解法を導くためのコツを解説しています。知っていれば時間の短縮になることはたくさんあります。知って得する「ウラワザ」を体得してしまいましょう。

言語能力検査●同意語

(3) 翻弄:
A 揶揄　B 翻弄　C 侮蔑　D 罵倒　E 愚劣

(4) 困惑:
A 困惑　B 同意　C 賛同　D 残念　E 謝罪

(5) まさか:
A いつでも　　B 思いがけず　　C たった今
D 注意　　　　E 成就

問題の「解答」と「解説」

解答 (1) A (2) B (3) A (4) D (5) B
解説 (1) 大家〔タイカ〕とは、学問・芸術・技芸などの面で特にすぐれ、名声の高い人のこと。巨匠。「その道の大家」等と用いる。(2) 酷薄〔コクハク〕とは、むごく、思いやりのないことや様子のこと。「酷薄な人間」等と用いる。浅薄〔センパク〕=知識「浅薄な知識」。(3) 愚弄〔グロウ〕とは「人を馬弄する」思っているようにならな〔を表す〕」等と用いる。

これだけ覚えろ!!　漢字を分解して、
●熟語は、漢字を分解してそれぞれ
●例題のように「巧遅は拙速に如〔か〕ず」とわざのケースもある。

ウラワザで差をつけろ!　同意語問題の攻略ポイント

●消去法で、明らかに間違いだと思う選択肢から消していく。
●与えられた語句で例文を作り、選択肢の語句と置き換えて考えてみる。

これだけ覚えろ!!

基本事項であり最重要項目について解説しています。例題を読み、問題を解いて自信がついたところで、最終確認しておきましょう。

CONTENTS

PART 1

SPI&WEBテストって何だろう

非言語能力検査

PART 3 言語能力検査

付録　その他のWEBテストの例題

SPI & WEB
テストって
何だろう

SPI3って何？

SPI3は、企業の採用活動において使われている適性検査のことだ。

テスト会社が指定した会場で、パソコンを使い受検する方式はテストセンター（P 14参照）と呼ばれており、SPIの中で一番多く実施されている。

その構成内容は次の通りだ。

●**性格検査（30分程度）**
　⇒受検予約時やテストセンターでの受験前に自宅のパソコンやスマートフォンにて受検。

●**能力検査（35分程度）**
　⇒テストセンター会場で、パソコンにて受験。

上記の2つが基本的な構成内容となる。また、企業によっては、オプションとして、**英語検査（20分程度）**や**構造的把握力検査（20分程度）**が実施される場合もある。

このSPI3の種類は、大学生向けが「SPI3-U」、転職者（社会人）向けが「SPI3-G」、高校生向けが「SPI3-H」と区別（リクルートの適性検査SPI3の区別）されており、いずれもテストセンターでの受検が必要となる。

SPI3性格検査で何を測定するのか？

性格検査では、通常以下の4項目を検査している。

1. 行動的側面 行動特徴としての表面にあらわれやすい性格的特徴を①社会的内向性、②内省性、③身体活動性、④持続性、⑤慎重性の5つの尺度で測定している。

2. 意欲的側面 目標の高さや活動エネルギーの大きさを①達成意欲、②活動意欲の2つの尺度で測定している。いわゆる「やる気・意欲」は充分か否かを検討する材料に使われる検査尺度といえよう。

3. 情緒的側面 ①敏感性、②自責性、③気分性、④独自性、⑤自信性、⑥高揚性の6つの尺度で気持ちの動きの基本的な特徴を測定している。ストレスや失敗に対する感じ方や気持ちの整理の仕方と関係が深い内容で、行動にあらわれにくい内面の気持ちともいえる。比較的幼少期に形成され、変容することが少ない性格的側面であるため、就職対策でどうこうできるものではない。

4. 社会関係的側面 SPI3で新たに追加された項目。葛藤やストレスが生じるような場面で周囲に頼りがち、人に相談せずに自分だけの考えで対応しようとするなど、人間関係や組織の中であらわれやすい個人の特徴がわかる。

また、職場のミスマッチを防ぐ目的で利用され5段階で判定されている職務適性に加え、どのような組織になじみやすいかを判定する組織適応性が追加された。

WEBテスト
って何？

　WEBテストとは、インターネットを利用して行う採用試験テストの総称。大企業などを中心に、導入する企業が近年増えつつある試験形式である。ペーパーテスト形式の試験とは違い、インターネットがつながるパソコンなどを使用する。

【WEBテスト受検の流れ】

　実施方法は、企業やテスト形式により異なるが、代表的な流れは以下のとおりである。

①企業へのエントリー（エントリーシートの提出、WEBエントリー、説明会への出席など）
②受検案内の通知（ログインID・パスワードの通知）
③WEBテスト受検（自宅、テストセンターなど）

【WEBテストの特徴】

　実施方法には「会場で受検」「企業内で受検」「自宅など好きなところで受検」の3種類がある。方式は企業により異なるが、企業側と受検側、両者ともメリットが大きいのが「好きなところで受検」できる方式である。採用側としては、試験会場の設備を整える必要がないなどコストが削減でき、また結果も早く出せる。受検者は、会場に赴くことなく自分の都合のよい場所・時間を選んで受検できる。

　反面、セキュリティや替え玉受検などの問題もあるが、運用方法やシステム面で徐々に改善されている。

【WEBテスト受検のポイント】

　会場以外でWEBテストを受検する場合に、特に気をつけなくてはいけないことは以下の点だ。

① パソコン・インターネットの環境を確認しておく
② 受検期間を確認しておく
③ 期日に余裕を持って受検する
④ 操作は慎重に行う

① パソコン・インターネットの環境を確認しておく
　受検に必要なOS・ブラウザ・設定などの環境が提示されるので、本番前に確認しておこう。
② 受検期間を確認しておく
　受検期間は、ログインして確認するのが一般的だ。早めにアクセスしてしっかり確認しておこう。
③ 期日に余裕を持って受検する
　回線の不調など予期せぬトラブルが発生しても、別の日に受検し直せるようなスケジュールで臨みたい。また期限直前は、アクセスが殺到して回線が混むので避けること。
④ 操作は慎重に行う
　「違うボタンを押す」「ブラウザを閉じる」など余計な操作はトラブルのもとなので避ける。最後の「送信」も忘れずに。

【代表的なWEBテスト】

① SPI3（リクルート（株式会社リクルートマネジメントソリューションズ））
② 玉手箱Ⅲ（日本エス・エイチ・エル株式会社）
③ WEB－CAB（日本エス・エイチ・エル株式会社）

　また、「玉手箱Ⅲ」と「WEB－CAB」には、「OPQ」と呼ばれるパーソナリティテストが付属している（P 120参照）。

テストセンター
って何？

●まずは受検予約

テストセンターの受検予約は、自宅のパソコンもしくはスマートフォンで行うことができる。

受検予約の流れは下記に示す通りだ。

① 志望企業から受検の案内が届く（メール）。メール文面に指示のあるURLから受検予約画面へ。

↓

② 受検予約画面で、自身の都合のよい日時および会場（リアル会場・オンライン会場）を選択し予約する。

↓

③ 性格検査を受検する。性格検査は受検予約時でなくとも可。ただし、予約した日の翌日午前3時までに受検する必要がある。

↓

④ 性格検査の受検が終わって予約完了。

●受検当日

リアル会場の受検者は、時間に余裕をもって予約した会場へ向かおう。その際に、本人確認のための身分証明書（運転免許証、パスポート、顔写真付きの学生証）および、受検票を忘れずに持参しよう。自宅などのオンライン会場でも身分証明書は必要だ。

また、受検時の服装は特に指定はない。会場にいるのは企

業の採用担当者ではないので、スーツでも私服でも、自身がリラックスして受検できる服装で行けば問題ない。

テストセンターの出題内容

　テストセンターの検査は、前述のように「**能力検査（約35分）**」と「**性格検査（約30分）**」で構成されている。また、会場で行われる「能力検査」には、「**言語分野**」と「**非言語分野**」がある。

●言語分野

　最初は「二語の関係」や「熟語」などの出題から始まり、後半は「文の並べ替え」の読解問題などが出題される傾向にある。

●非言語分野

　長文での設問で、計算が必要となるものがテストセンターではよく出題される。そのほかにも従来の能力検査のように「料金の割引」「表の読み取り問題」など、割合をテーマにした問題が多く出題される傾向にある。

出題形式は？

　基本的に1問1画面での出題となる。ただし、中には組み合わせの問題もあり、問いがいくつかのタブに分かれている場合もあるので注意が必要だ。

　また、画面には右上に試験の制限時間を示すタイマーが、設問の下には問題ごとの制限時間を示すタイマーが表示される。特に組み合わせで出る問題の時間配分を考えながら、回答していくように心がけよう。

　また、わからない、詰まった問題などがある場合は、その問題に必要以上に時間をかけず、「これではないか？」と思われる回答を選び、次に進むようにするとよい。

性格検査
攻略のポイント

性格検査の取り組み方

　性格検査は、その名のとおり性格や資質を測定するもので能力の高低を測定するものではない。そもそも、適性検査の性質からいって、採用活動の中で「あなたがどういった系統の職場に向いているのか」「事務職なのか、営業職なのか」、または「業績を上げている社内の営業担当は、どのような傾向や特性を持った人材なのか」が社内で測定されていて、初めて企業が望む人材像とあなたとのマッチングを図ることができる。ただ、就職活動をしているみなさんは「相手の会社によく思われたい」といったことを一様に考えているとは思うが、過度によく思われたいと思って自分を偽って回答してしまうと、大変な落とし穴にはまってしまうことになる。性格検査を受検するにあたって、最も気を付けなければいけないことは、以下の5つだ。

【性格検査受検の心得】
① 正解は「ない」ということを認識**すること**。
② 自分を良く見せようとするのではなく、正直に回答**すること**。
③ 深く考えないで直感的に回答**すること**。
④ 全問回答を心がける**こと**。
⑤ 回答欄を間違えない**こと**。

① 正解は「ない」ということを認識する
　就職活動をするみなさんの性格が十人十色であるように、

性格検査も10人受けて10通りの結果が出てきて当たり前である。つまり、**これが正しい回答だというものは一切ない**と考えた方がよい。

　後で解説するが、「こういうときは、こう回答するとよい」などと先輩や、同級生の間で話題になったりするが、SPI3には「応答態度」を測定するスケールがある。良く見せようとすればするほど、応答態度に引っかかり、かえって印象を悪くしてしまうことがある。**大切なのは、自分自身の感性や経験**なのだ。「**性格検査には正解はない**」ということを肝に銘じておく必要がある。

② 自分を良く見せようとするのではなく、正直に回答する

　前述したとおり、性格検査には応答態度を測定するスケールがある。就職活動をしていると入社したい企業によく見せたいという気持ちが働くのは、ごく自然なことだと思う。ただし、それを過度に意識してしまうと、応答態度の項目でダメだしが出てしまう。いわゆる一般的に言われている「ライスケール」というものだ。

例えば、

● ウソをついたことがない
● 約束を破ったことがない
● 人を傷つけたことがない
● 約束の時間に遅れたことがない
● ケンカをしたことがない

などのように、生きていれば必ず一度はあることを聞いてくる質問がある。試験会場では、1問7秒程度で回答していかなければならないので、質問をよく読んでいるつもりでもなかなか細かいところまで気がつかない。

　これは、**よく見せようとする意識が強ければ強いほど、この手の質問に引っかかりやすくなる**ことを予測してつくられ

ている。このライスケールに引っかからないためにも正直に回答することが、相手の企業にも好印象を与えることになると考えた方が賢明だ。

③ 深く考えないで直感的に回答する

　性格検査は、1問約7秒で回答していかないと全問回答できない仕組みになっている。つまり、SPI3の制作者は「直感的に回答しなさい」ということを意図しているのである。その方が普段の自分が出やすいからである。

　性格検査は、素直に、直感的に回答することが肝要である。その方が早く回答できるし、最後まで質問に回答することができる。妙な小細工をしないで、素直に向き合うことを心がけよう。

④ 全問回答を心がける

　SPI3には、無回答率という数値もはじき出されることになっている。一般的に無回答が多い場合は、結果の有効性が乏しくなり、得点が実際より低くなる可能性が高くなる。全問回答するにこしたことはないが、前述のとおり、ウソはかえってマイナスになるので、正直に回答することが求められる。

　つまり、一定のリズムで、直感的に回答していくことだ。性格検査の練習をする場合は、一定のリズムをつくって全問回答できるようにトレーニングするのが効果的だ。

⑤ 回答欄を間違えないようにする

　ペーパーテスティング（14年からSPI3）の際に、「回答欄をずらして記入してしまった」という失敗談をよく聞く。

　1つずれるとその後の問題がすべてずれてしまうので、大惨事になってしまう。最後まで回答し終わってから気がついても遅い。そうなる前に、確実に問題用紙の番号と回答欄の番号とを照合しながら回答用紙に書き込んでいこう。

応答態度について

　応答態度に問題や疑問がある場合は、以下のコメントが報告書に示される。
- 応答態度にやや自分をよく見せようとする傾向がある。
- 応答態度に自分をよく見せようとする傾向がある。
- 応答態度に自分をよく見せようとする傾向が強い。
- 回答方法を誤っている可能性がある。
- 回答方法を誤っている可能性が強い。

　上記の5つが出てしまうとやはりマイナスポイントになってしまうので、できれば避けたいところである。ちなみに問題がない場合は「応答対度は特に問題なし」と出る。

【「自分を良く見せようとする傾向」とは】

　回答する際、自分をよりよく見せかけようとする態度で臨んだ場合、もしくは、自分をよく見せかけようとしなくても無意識のうちにそのような回答をしてしまう場合。

　後者の場合は、性格的に堅い、融通性に欠ける、弾力性や柔軟性に乏しいなどを意味することが多いと測定されてしまう。できる限り、**構えずにリラックスして、いつもの自分を出せるように取り組むことが望まれる。**

【「回答方法を誤っている可能性」とは】

　SPI3は、正確に個人を測定するために回答欄を間違えて書き込んだ恐れのある人に関しては、応答態度にその表示が出るようになっている。

　間違えないで回答することがベストだが、**間違って回答用紙に書き込んでしまったことに気づいてもそれほど落ち込むことはない。**受検する企業にもよるとは思うが、敗者復活の可能性がないとは言えないからである。

玉手箱Ⅲ

　「玉手箱」は、WEBテストの中で今もっとも多く使われている総合適性検査診断システムだ。新卒学生が対象のものは、主に「玉手箱Ⅲ」と呼ばれ、ペーパーテストの「IMAGES（イメジス）」がもととなっている。テスト内容は以下の4項目からなり、計49分・174問となっている。

① 計数理解テスト（9分・50問）
② 言語理解テスト（10分・32問）
③ 英語テスト（10分・24問）
④ パーソナリティテスト（OPQ：20分・68問）⇒P120参照
　ここでは能力検査の①〜③について解説しておこう。

① 計数理解テスト（9分・50問）

　簡単な四則演算等式の空欄にあてはまる数字を選択肢から選ぶ問題が主となる。基本的な計算能力のほか、迅速に解答を推測する力も測定される。

② 言語理解テスト（10分・32問）

　8つの文章につき、各4つの設問がある長文読解。それぞれ、文章の趣旨をとらえて正誤を判断し、あらかじめ与えられるABCの3つの選択肢から選ぶ。枝葉のついた複雑な文章を包括的に捉え、作者が最も伝えたいことを判断する感覚のよしあしを測定する。

③ 英語テスト（10分・24問）

　8つの文章につき、各3つの設問がある長文読解。英語力だけでなく、言語理解と同様に、文章の趣旨を論理的にかつ短時間で判断する力を測る。英語力、筆者の趣旨を時間内に正しく理解する力を測定する。

例題①　計数理解

　式中の□に入る数値として正しいものを、次の選択肢の中から一つ選び、○ボタンをクリックしなさい。

問題1：7×□＝14＋28

- ○ 4
- ○ 5
- ○ 6
- ○ 7
- ○ 8

問題2：354－□＝128

- ○ 216
- ○ 226
- ○ 238
- ○ 248
- ○ 258

問題3：4×13＝（8×□）＋4

- ○ 4
- ○ 5
- ○ 6
- ○ 8
- ○ 9

問題4：$\frac{1}{4} \div \square = \frac{1}{3}$

- ○ 12
- ○ $\frac{3}{4}$
- ○ $\frac{1}{3}$
- ○ $\frac{1}{12}$
- ○ $\frac{4}{3}$

【問題の解答】

問題1：6　　問題2：226　　問題3：6　　問題4：$\frac{3}{4}$

【解答のポイント】

　計数理解は、基本的な計算能力と最短で解答を得るための推理能力が問われている。確実に点数をものにできるところなので、**時間内に全問解答できるよう練習しておこう。**

以下の文章を読み、続く設問についてそれぞれA、B、Cのいずれにあてはまるか、○ボタンをクリックしなさい。

A：筆者の趣旨（最も訴えたいこと）が述べられている。
B：筆者はそのことに触れているが趣旨ではない。
C：この文章とは関係ないことが述べられている。

　幸運の手紙というのは、絶えず地球を廻っていて、時々日本へもめぐって来るというものなのだろうか。それとも日本の内は日本の内だけ廻っているのだろうか。聞いてみたがはっきり知っている人もなかった。

　人間は誰でも心の底でぼんやり幸福をねがっていると思う。ぼんやりと、自分でもその本態をはっきりつかめずに幸福や安らかさを思っている心を、幸福の手紙が、知って凶悪のはっきりした予告でおどろかして、一つの手紙も書くという行動に動かして行くところは、なかなか心理的である。このことは、皆が、不幸とか災難とかについては、その種類もその数の多さも大抵は知っていて、災難というと立ちどころに、ああと思うめいめいの心当り、危惧さえ日常生活の裡には存在しているという我々の現実を語っている。前線に愛する誰彼を出しているような人にとって、厄災と云う字は笑いすてきれないかげを投げるだろう。

　幸運の手紙は、従って人々がともかく幸福らしいものをたっぷりもって暮している世情の中では、効力を余り発揮しない。幸福や幸運というものがいかにもぼんやり遠くにあって、今日の現実とは反対のものとして心に描かれているような社会の条件のなかでこそ、幸運の手紙はその循環を全うし得るのではなかろうか。

〜宮本百合子「幸運の手紙のよりどころ」からの抜粋〜

問題1●幸福の手紙とは、幸せを望む人間を心理的に追い詰め、安らかな生活を脅かすものだ。

　○ A　　　　　○ B　　　　　○ C

問題2●誰もが幸せを願っているので、幸福の手紙は誰にとっても脅威となり、循環し続ける。

　○ A　　　　　○ B　　　　　○ C

【問題の解答】

問題1：C

　「幸福や安らかさを思っている心を、幸福の手紙が、却って凶悪のはっきりした予告でおどろかして……」という記述はあるが、この問題のような記述はしていない。

問題2：B

　「幸福や幸運というものがいかにもぼんやり遠くにあって、今日の現実とは反対のものとして心に描かれているような社会の条件のなかでこそ、幸運の手紙はその循環を全うし得る……」という記述から、この問題は本文の趣旨とは違うことがわかる。

【解答のポイント】

　言語理解は、問題8文章で全32問（各4問）、10分間しか時間がない。効率的に解答を得るには、問題文で何が問われているかを先に理解してから本文を読み込み解答していくこと。解答は決められた3つの選択肢から選ぶことになっている。「A：趣旨に合っている」「B：趣旨とは違う」「C：関係ないことを言っている」の3パターンなので、この選択肢を感覚的に覚えてしまうとよい。

例題③　英語理解

Read the text and choose the best description for each of the question that follow.

The Road Traffic Law now enables private companies authorized by the police to issue parking tickets to illegally parked drivers. With this change the National Policing Agency hopes to reduce the amount of manpower spent on enforcing misdemeanors, creating much needed time to combat more serious criminal threats. Private companies will use mobile terminals to record vehicle information, take pictures of illegally parked cars, and print out tickets. Illegally parked drivers will have a mere 5 minutes, the time it takes to process the information, to return to their vehicles and receive a verbal warning. If the driver fails to appear before the designated patroller's process the vehicle information, they face a stiff 15,000 to 18,000 yen fine.

Question1 :

The National Policing Agency is delegating to create more revenue illegal parking enforcement.

○ A: The statement is patently TRUE follows logically, given the information or opinions contained in the passage.

○ B: The statement is patently UNTRUE or the opposite

follows logically, given the information or opinions contained in the passage.

○ C: You CANNOT SAY whether the statement is true or untrue, or follows logically, without further information.

Question2：

Patrollers will take pictures of Cars.

○ A: The statement is patently TRUE follows logically, given the information or opinions contained in the passage.

○ B: The statement is patently UNTRUE or the opposite follows logically, given the information or opinions contained in the passage.

○ C: You CANNOT SAY whether the statement is true or untrue, or follows logically, without further information.

【問題の解答】
■本文訳

　道路交通法は、現在、警察によって駐車違反の切符を違法駐車のドライバーに発行する権限を、民間企業に与えることを可能にしています。この法改正で、警察は、交通違反を取り締まることに費やされる人的資源の量を減らしていき、より深刻な犯罪脅威と戦うためのもっとも必要とされる時間にあてていきます。民間企業は車両情報を記録するために携帯用端末を使って、違法駐車をしている車の写真を撮って、チケットを印刷します。違法駐車のドライバーは、ほんの5分の間だけ（情報を処理するには必要である時間）車に戻って、

言葉による警告を聞くことができます。

指定の巡回者が車両情報を処理する前にドライバーが現れないならば、彼らは厳しい15,000～18,000円の罰金を科せられることになるでしょう。

Question1：C

警察の収益については言及されていないので、この文章からは論理的に明言できないので、本文の趣旨と合致しているのか、間違っているのかは言えない。

Question2：A

「take pictures of illegally parked cars」という記述があるとおり、違法駐車をしている車の写真を撮っていることが言及されているので "TRUE"。

【解答のポイント】

基本的に、言語理解は、和文、英文ともに共通の出題パターンで問題が構成されており、英語理解は、単に和文の言語理解の問題を英文に直した形式ととらえてよさそうだ。

つまり、解答の方法も和文と同じパターンで進められる。問題文を先に読んでから、本文を読み合わせながら解答を得ていく方法。この方法をとれば効率的に解答できる。

どの問題も選択肢はすべて一緒で、

「A：趣旨に合っている」

「B：趣旨とは違う」

「C：関係ないことを言っている、どちらとも言えない」

から選ぶ形式になっている。

英文になったからといって、あわてることはなく、本文の単語の意味を概ね解釈できれば、解答できる。

PART 2

非言語能力検査

【数学・理科系】

与えられた命題をもとに「真」「偽」を判別する。

推論　命題

　「aである→bである」「aでない→bでない」など
と記号を含んだ文章に置き換えてみよう。

　「野球を好きな人はサッカーが嫌いだ」ということが
正しいとすると、次のうち必ず正しいものはどれか。

ア. 野球を嫌いな人は、サッカーも嫌いだ。

イ. 野球を嫌いな人は、サッカーが好きだ。

ウ. サッカーが嫌いでない人は、野球が好きではない。

エ. サッカーが嫌いな人は、野球が好きだ。

オ. サッカーが嫌いでない人は、野球も好きだ。

A ア　　　B イ　　　C ウ　　　D エ
E オ　　　F アとイ　　G イとエ　　H すべて間違い

攻略のポイントはここだ！

命題が「aである→bである」のとき、「aでない→bでない」
を裏、「bである→aである」を逆、「bでない→aでない」
を対偶という。逆と裏は必ずしも真ではないが、対偶は
常に真となる。

命題……野球を好きな人はサッカーが嫌いだ

ア. 野球を嫌いという前提は問題文にない→言い切れない。

イ. 野球を嫌いという前提は問題文にない→言い切れない。

ウ. 対偶（全くの逆）なので、正しい

エ. 逆である→言い切れない（両方嫌いな人もいる）

オ. 裏でも逆でも対偶でもない→言い切れない

対偶となるウだけが確実に正しい。

正解⇒C

問題1●次の2つの命題が正しいとき、正しいのはどれか。
「早起きの人は散歩をする」「散歩をする人は健康である」

　ア. 早起きでない人は健康ではない。

　イ. 早起きでない人は散歩をしない。

　ウ. 散歩をする人は早起きである。

　エ. 健康な人は散歩をする。

　オ. 健康な人は早起きである。

　カ. 健康でない人は早起きではない。

Aア	Bイ
Cウ	Dエ
Eオ	Fカ
Gイとオ	Hすべて間違い

問題2●「XでないものはすべてYである」という命題が
　正しいとき、確実にいえるものはどれか。

　ア. XであるものはすべてYでない。

　イ. YでないものはすべてXである。

　ウ. XであるものはすべてYである。

　エ. YであるものはすべてXである。

　オ. YでないものはすべてXでない。

Aア	Bイ
Cウ	Dエ
Eオ	Fアとウ
Gイとオ	Hすべて間違い

問題3●2つの命題「ごはんが好きな人はラーメンが好きである」「スパゲッティの好きな人はラーメンが好きである」から、確実にいえることはどれか。

ア. ラーメンが好きな人は、ごはんまたはスパゲッティのどちらかが好きである。

イ. ラーメンが好きな人は、ごはんとスパゲッティの両方が好きである。

ウ. ラーメンが好きではない人は、ごはんもスパゲッティも両方とも好きではない。

エ. ラーメンが好きではない人は、ごはんまたはスパゲッティのどちらかが好きではない。

Aア	Bイ	Cウ
Dエ	Eアとイ	Fアとウ
Gイとエ	Hすべて間違い	

問題4●英語、算数、国語の3教科について、(1)～(3)の関係が成り立つとき、確実にいえることはどれか。

(1) 英語が好きな人は算数が好きではない。

(2) 算数が好きな人は国語が好きだ。

(3) 国語が好きな人は英語が好きではない。

ア. 算数が好きな人は国語が好きではない。

イ. 英語が好きではない人は国語が好きだ。

ウ. 国語が好きではない人は算数が好きではない。

エ. 国語が好きな人は算数が好きではない。

Aア	Bイ	Cウ
Dエ	Eアとエ	Fイとウ
Gウとエ	Hすべて間違い	

問題の「解答」と「解説」

解答●問題1：**F**　問題2：**B**　問題3：**C**　問題4：**C**

解説●問題1：「早起きの人→散歩をする→健康」の対偶は、「健康でない人は散歩をしない」→「散歩をしない人は早起きではない」となる。一般的な感覚とすれば、このような限定的表現だけが正しいと考えるのは抵抗があるが、命題を考える際には、対偶が確実に正しい。

問題2：対偶を作るには、前提と結論を逆にして、両方とも否定すればよい。「である」の否定は「でない」。「でない」の否定は「である」。「XでないものはすべてYである」の対偶は「YでないものはすべてXである」。

問題3：「ごはんが好きな人はラーメンが好きである」の対偶は「ラーメンが好きでない人はごはんが好きではない」。「スパゲッティの好きな人はラーメンが好きである」の対偶は「ラーメンが好きでない人はスパゲッティが好きではない」。つまり「ラーメンが好きでない人は、ごはんもスパゲッティも好きではない」が成り立つ。

問題4：（1）算数が好きな人は英語が好きではない。

（2）国語が好きではない人は算数が好きではない。

（3）英語が好きな人は国語が好きではない。

ウが（2）の対偶と一致する。

対偶関係を作れ

命題が「aである→bである」のとき、「bでない→aでない」。これが対偶関係。対偶は常に真となると覚えよう。

与えられた情報から推理して結論を導き出す。

推論 正誤と順序

与えられた情報が理解しにくい場合があるので、
図を書いて情報の関連性を把握しよう。

3人の友人から、期末試験について次のような話
を聞いた。

X：明日は理科の試験がある。
Y：明日は英語の試験がある。
Z：明日は理科と英語の試験のうち、少なくともどちらか
1つの試験がある。
以上の話は必ずしもすべて信頼できるわけではない。そ
こでさまざまな可能性を考えてみた。
次の推論ア・イ・ウについて、A～Hの中で正しいものは
どれか。
ア. Xが正しければ、Zは正しい。
イ. Yが正しければ、Zは正しい。
ウ. Zが正しければ、Xは正しい。

A アだけ正しい   B イだけ正しい
C ウだけ正しい   D アとイが正しい
E アとウが正しい   F イとウが正しい
G 3つとも正しい   H 3つとも間違っている

攻略のポイントはここだ！

選択肢の多さにとまどってはいけない。単にアイウの正
誤を質問しているだけ。当てはまらない場合があれ
ば、×を付けていこう。

ア. 理科の試験があるからには、当然1つの試験が行われることになり、どちらか1つの試験があるのは、例外なく正しいといえる。

イ. アと同様に英語の試験があるからには、どちらか1つの試験があるのは例外なく正しいといえる。

ウ. どちらか一方の試験があるが正しいとしても、英語の試験が行われる場合が考えられる。必ずしも理科の試験が行われるとは限らないので、Xが正しいとはいえない。

正解⇒D

問題1●美紀さんは朝のジョギングに出かけた。さわやかな朝日（東の方向）に向かってしばらく走り、最初の交差点を右折し、次に進行方向に対して45°の角度で両側に道が別れているY字路を左に折れた。さらに直進して3つめの交差点を右折した。この交差点を曲がった後、道の左側にある家の玄関のポストに朝刊を入れている新聞配達の少年と出会い、「おはよう」と声をかけた。

道路はどれも直線で、交差点は直行している。ポストのある家の玄関が道路に面しているとすれば、この家の玄関はどの方角を向いているか。

A 東　　　　　B 西　　　　　C 南　　　　　D 北
E 北東　　　　F 北西　　　　G 南東　　　　H 南西

問題2●a〜eの5人が、旅行に行くために自宅から集合場所に急いだ。aはdの10分前に着き、bはcの3分前、aの12分後に着いた。cが着いたのはeが着いてから15分以上たってからだった。集合時間までに集合場所に着いたのは5人のうち、2人だけだった。

集合時間までに着いたのは誰と誰か。

A a   B b   C c   D d

E e   F aとe   G aとc   H bとc

問題の「解答」と「解説」

解答●問題1：F　問題2：F

解説●問題1：とにかく図を描いてみるしかない。美紀さんの走っている方角と玄関の方角を勘違いしないこと。

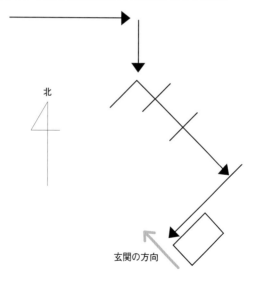

北

玄関の方向

問題2：到着順を考えると、

a→d（10分）

a→b（12分）→c（3分）

e→c（15分以上）がまずわかる。

とすればdはaとbの間に着いたことになり、eはaより早く着いたことになる。

全員の到着順は

e→a→d→b→c。

そして集合時間までに到着したのは2人なので、

答えはaとe。

図に描いて、情報を整理する

「推論」はわざとわかりにくくなるような文章で出題される。

というのは、文章の正確な理解力と論理的な思考力をみたいからである。

推論については特別な解法はないが、とにかくわかりにくい場合は、問題用紙の隅にでもメモをしたり、図に描いて情報を整理しよう。

頭で考えるよりも文字や図にした方が、解答にたどり着きやすい。

特に試験会場では多少緊張しているので、頭の中が真っ白にならないよう注意しよう。

推論　対戦

速効
POINT
対戦表をつくり、わかっていることを書き込むことで答えを導く。

例題　P、Q、R、Sの4チームが、野球の試合を総当たり戦で行った。その試合結果について、次のことがわかっている。

i) Qは2勝1敗だった
ii) QはPに勝った
iii) SはPに勝った
iv) SはQに勝った

次のア、イ、ウの推論のうち、必ずしも間違いとは言えないのはどれか。
ア　Pは1勝2敗だった
イ　Rは全勝だった
ウ　Sは全勝だった

A　アだけ
B　イだけ
C　ウだけ
D　アとイの両方
E　アとウの両方
F　イとウの両方
G　アとイとウのすべて

攻略のポイントはここだ！

わかっていることを対戦表に書き込んでみる。

まずは、ii）～iv）のチーム間の結果を書き込むと……。

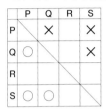

となる。

これにi）の結果「Qは2勝1敗」だったということを書き込むと……。

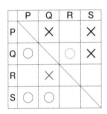

となる。

この対戦成績表で推論のア～ウを考える。

ア Pは1勝2敗だった

……PはRに勝つ可能性があるので間違いとは言えない。

イ Rは全勝だった

……RはQに負けているので間違い。

ウ Sは全勝だった

……SはRに勝つ可能性があるので間違いとは言えない。

正解⇒E

問題●例題の対戦で、次にどのような情報が追加されれば、すべての試合の勝敗が決まるか。ただし、情報として追加する選択肢は、少ないほどよい。

　　カ Pは全敗だった
　　キ Rは2勝1敗だった
　　ク Sは2勝1敗だった

A カだけ
B キだけ
C クだけ
D カとキの両方
E カとクの両方
F キとクの両方
G カとキとクのすべて

問題の「解答」と「解説」

解答●B

解説●これまでわかっている対戦成績は下記。

	P	Q	R	S
P		×		×
Q	○		○	×
R		×		
S	○	○		

対戦表を見ると、対戦成績がわかっていないのはRに関する対戦のみである。

つまり、Rの対戦成績がはっきりすれば、すべての対戦成績がわかることになる。

よって、キ「Rは2勝1敗だった」がわかればすべての勝敗が決まることになる。

	P	Q	R	S
P	╲	✕	✕	✕
Q	◯	╲	◯	✕
R	◯	✕	╲	◯
S	◯	◯	✕	╲

ちなみにカ「Pは全敗だった」とク「Sは2勝1敗だった」がわかることですべての勝敗が決まることになるが、問いでは「少ないほどよい」となっているので、答えとしてはBが正解となる。

わかっていることは対戦表に！

対戦の問題はわかっている事柄をすべて対戦表に書き込むことが先決。それをもとに解いて行くとよい。

一定量の水の中に食塩などの物質が溶けている量を求める。

濃度算

速効 POINT 単位の間違いに注意しよう。濃度の違う食塩水の混合は、食塩と水を分けて考えよう。

 例題

（1）4%の食塩水200gに10%の食塩水200gを混ぜたら、何%の食塩水ができるか。

A 6%　　　B 7%　　　C 8%　　　D 9%
E 10%　　F 11%　　　G 12%　　　H 13%

（2）4%の食塩水100gに12%の食塩水を混ぜて、8%の食塩水を作りたい。12%の食塩水は何g必要か。

A 80g　　　B 100g　　　C 120g　　　D 140g
E 160g　　　F 180g　　　G 200g　　　H 220g

攻略のポイントはここだ！

●式にして解答を得る方法

（1）$0.04×200+0.1×200=X×400$
　　　$8+20=400X$　→$X=0.07$（$=7$%）

（2）$0.04×100+0.12×X=0.08×（100+X）$
　　　$4+0.12X=8+0.08X$　→$0.12X-0.08X=8-4$
　　　→$0.04X=4$　→$X=100$

●どちらの濃さに近いかの比を考える方法

4%と12%の食塩水を混ぜて8%にするが、
濃度変化の差を求めると、$8-4=4$　$12-8=4$
濃度変化の比は$4:4=1:1$
4%も8%も濃度変化は一緒、同じ量（100g）を混ぜる。

正解⇒（1）**B**　（2）**B**

40

問題1●2%の食塩水200gに、16%の食塩水150gを混ぜたら、何%の食塩水ができるか。

A 5%   B 6%   C 7%   D 8%

E 9%   F 10%   G 11%   H 12%

問題2●10%の食塩水aが160gと15%の食塩水bが200gある。いま、bから40gだけ取り出してaに移し、よくかき混ぜてからaからbへまた40g移した。bの濃度は何%になるか。

A 8.2%   B 8.6%   C 8.8%   D 10%

E 11.2%   F 12.7%   G 14.2%   H 15.1%

問題3●12%の食塩水400gに6%の食塩水を混ぜて8%の食塩水を作りたい。6%の食塩水を何g混ぜたらよいか。

A 250g   B 300g   C 500g   D 600g

E 700g   F 800g   G 1000g   H 1500g

問題4●4%の食塩水が200gある。この食塩水から何gの水を蒸発させると8%の食塩水になるか。

A 80g   B 90g   C 100g   D 110g

E 120g   F 130g   G 140g   H 150g

問題の「解答」と「解説」

解答●問題1： D　　問題2： G　　問題3： F　　問題4： C

解説●問題1：

食塩＝0.02×200＋0.16×150＝4＋24＝28 （g）

食塩水＝200＋150＝350 （g）

濃度＝28÷350＝0.08

問題文を1つの式にすると、

0.02×200＋0.16×150＝X × 350

問題2：

食塩水 （g）		×	濃度 （小数）	=	食塩 （g）
a	160g	×	0.1	=	16g
b'	40g	×	0.15	=	6g
a'	200g	×	0.11	=	22g

食塩水 （g）		×	濃度 （小数）	=	食塩 （g）
b"	160g	×	0.15	=	24g
a"	40g	×	0.11	=	4.4g
	200g	×	X	=	28.4g

表にしたがって順に計算していくと、最後に12.4gの食塩を含む食塩水200gができる。

200 × X＝28.4

X＝28.4÷200＝0.142→14.2%

問題3：6%の食塩水をXg混ぜるとする。それぞれの食塩水に含まれる食塩の量に注目する。

例えば12%の食塩水400gに含まれる食塩の量は

$\dfrac{12}{100} \times 400$と表される。他も同様にして式をつくると

$$\dfrac{12}{100} \times 400 + \dfrac{6}{100} \times X = \dfrac{8}{100}（400+X）$$

X＝800

問題4：4%の食塩水200gに含まれている食塩の重さは、

$$200 \times \dfrac{4}{100} = 8（g）$$

したがって、Xgの水を蒸発させればよいとすると、

$$\dfrac{8}{200-X} \times 100 = 8$$

この方程式を解くと、800＝8（200−X）、
　　　　　　　　800＝1600−8X、8X＝800、X＝100

3つの式を覚えて、すばやく解答

これさえおさえておけば、あとは組み合わせで解答できる。

● 食塩÷食塩水＝濃度
● 食塩水×濃度＝食塩
● 食塩÷濃度−食塩＝水

問われている数値をXに置き換えて式を作ると効率的に解答が得られる。

いわゆる<>≦≧の記号を使った大小の数値を求める。

不等式

解答への近道は、求められている数値をXやYに
置き換え、不等式を作ってしまおう。

100以下の自然数のうち、5で割ると2余り、7で
割ると4余る数はいくつあるか。

A 1　　　　　B 2　　　　　C 3　　　　　D 4
E 5　　　　　F 6　　　　　G 7　　　　　H 8

攻略のポイントはここだ！

5で割ると2余り、7で割ると4余る数Xは、「2＋ 3 ＝5」
「4＋ 3 ＝7」で、それぞれ、3を加えることにより割り切
れる数になる。

よってX＋3は、5と7の公倍数になる。

X≦100なので、5と7の公倍数のうち、35、70がX＋3に
当たる。

X＋3＝35、X＋3＝70になり、したがって、Xは32、67
になる。よって解答はB。

正解⇒B

問題1●不等式－10＜2X＋6＜2に当てはまるXの整数値の
うちで、絶対値が6より大きいものはどれか。

A －10　　　B －9　　　　C －8　　　　D －7
E －6　　　　F －5　　　　G －4　　　　H －3

問題2●250円のリンゴと150円のミカンを合わせて10個買い、金額は2000円以下にしたい。リンゴは何個まで買うことができるか。

A 3個	B 4個	C 5個	D 6個
E 7個	F 8個	G 9個	H 10個

問題3●ある整数Xに5を掛けて3を加えた数は40より小さい。またこの整数Xに3を掛けて4を引いた数は6より大きい。このような整数Xは何種類考えられるか。

A 3種類	B 4種類	C 5種類	D 6種類
E 7種類	F 8種類	G 9種類	H 10種類

問題4●Xについての方程式7X−1＝X＋2a（aは整数）の解の小数第1位を四捨五入すると6になる。整数aの値をすべて含んでいるものはどれか。

A 13・14・15	B 14・15・16
C 15・16・17	D 16・17・18
E 17・18・19	F 18・19・20
G 21・22・23	H 24・25・26

問題5●ある整数Xから6を引いた数は5より大きく、また40からXの2倍を引いた数は10より大きくなる。整数Xをすべて含んでいるものはどれか。

A 12・13・14	B 13・14・15
C 14・15・16	D 15・16・17
E 16・17・18	F 17・18・19
G 20・21・22	H 23・24・25

問題の「解答」と「解説」

解答●問題1：**D**　問題2：**C**　問題3：**B**　問題4：**D**
　　　問題5：**A**

解説●問題1：$-10<2X+6<2$ 、$-16<2X<-4$、
$-8<X<-2$の範囲で、絶対値が6より大きいもの。
正解は-7。

問題2：求める商品の購入量をX個とおくと、もう一方の商品の購入量は、（全購入量-X）個と表せる。
よって、以下の式を立てれば解くことができる。
求める商品の購入金額の価＋もう一方の商品の購入金額の値≦予算
リンゴの購入量をX個とおくと、ミカンの購入量は（10-X）個。
リンゴに対する支払は、$250 \times X$円。
ミカンに対する支払は、$150 \times$（10-X）円。
2000円以下の買い物をしたいので、以下の不等式を立てることができる。
$250X+150$（10-X）$\leqq 2000$
これを解くと、$X \leqq 5$　リンゴは5個まで買うことができる。

問題3：「ある整数Xに5を掛けて3を加えた数は40より小さい」を不等式に表すと$5X+3<40$、　$X<7.4$となる。
また、「整数Xに3を掛けて4を引いた数は6より大きい」を不等式に表すと、$3X-4>6$、$X>3.33\cdots$となる。
つまり、$3.33\cdots<X<7.4$であり、Xは整数なので、4、5、6、7の4種類となる。

問題4：方程式7X－1＝X＋2aを解くと、

$$6X=2a+1 \rightarrow X=\frac{2a+1}{6}$$

四捨五入をすると6になる数は、5.5≦X＜6.5となり、

Xに$\frac{2a+1}{6}$を入れると$5.5 \leqq \frac{2a+1}{6} < 6.5$となる。

これを解くと、両辺を6倍して、33≦2a＋1＜39、
32≦2a＜38、16≦a＜19。
aは整数だから、a＝16、17、18となる。
（注）16は含まれるが、19は含まれないことに注意。

問題5：X－6＞5……（1）　　40－2X＞10……（2）
この2つの不等式をともに満足する範囲を求める。
（1）を解くと、X＞11
（2）を解くと、－2X＞－30、X＜15
よって、11＜X＜15。Xは整数だから、X＝12、13、14
（注）11と15は含まれないことに注意。

記号の意味を再チェック！

すべての問題を不等式に変換できるかどうかが解答への
カギ。
記号の意味をもう一度チェックしておこう。
● 「X≧（≦）A」の記号は、XはAを含んでそれ以上大
　きい（小さい）という意味。
● 「X＞（＜）A」の記号は、XはAを含まず大きい（小
　さい）という意味。

与えられたn進法の数値を別のn進法の数値で置き換える。

n進法

速効
POINT

10進法の仕組みを改めて理解すると同時に、
n進法における規則性を把握しよう。

例題

次の表は、10進法と5進法を対比させたものである。この表を見て次の問いに答えよ。

10進法：1, 2, 3, 4, 5, 6, 7, 8, 9, 10, 11, 12, 13,
5進法　：1, 2, 3, 4, 10, 11, 12, 13, 14, 20, 21, 22, 23,

5進法の3221を10進法で表すといくつになるか。

A 33　　　B 42　　　C 61　　　D 312
E 377　　F 418　　G 436　　H 632

攻略のポイントはここだ！

5進法の仕組みを理解するために、10進法の仕組みを振り返ってみよう。

10進法の235と書いたとき、誰でも「ニ（2）ひゃくサン（3）じゅうゴ（5）」と読む。235とは、100が2個と10が3個と1が5個であることを読み方自体が示している。

5進法の3221という数字の並びは、それぞれ
　125（5^3）の位に3つ、
　25（5^2）の位に2つ、
　5（5^1）の位に2つ、
　1（5^0）の位に1つのブロックがあることを示している。

つまり、

$125 \times 3 + 25 \times 2 + 5 \times 2 + 1 \times 1 = 436$ になる。

正解⇒G

問題1●次の数列は、3進法で表した数を小さい順に書き並べたものの一部である。□に当てはまる数を答えよ。

100、101、102、110、111、112、120、121、122、□

A 112   B 120   C 200   D 1000
E 1020   F 1022   G 1030   H 1045

問題2●次の数列は、5進法で表した数を小さい順に書き並べたものの一部である。□に当てはまる数を答えよ。

14、20、21、22、23、24、□

A 25   B 30   C 35   D 50
E 100   F 105   G 110   H 115

問題3●次の問いに答えよ。

(1) 3進法の12001は10進法ではいくつになるか。
   A 58   B 77   C 83   D 100
   E 119   F 122   G 136   H 150

(2) 7進法の264は10進法ではいくつになるか。
   A 103   B 113   C 124   D 130
   E 144   F 146   G 158   H 180

(3) 2進法の110010は10進法ではいくつになるか。
   A 8   B 12   C 26   D 31
   E 45   F 50   G 53   H 67

問題の「解答」と「解説」

解答●問題1： C **問題2：** B
問題3： (1) G (2) E (3) F

解説●問題1： 3進法は、0と1と2だけを用い、3になったら位が1つ上のケタに上がる。

問題2：5進法は、0〜4だけを用い、5になったら位が1つ上のケタに上がる。

問題3：（1）3進法の位取りは、3で繰り上がるのだから、ブロックが2個ずつ入る図をイメージすればよい。

81の位	27の位	9の位	3の位	1の位
81	27	9	3	1
81	27	9	3	1

いちばん右端の1の位で1が3つになると入りきらなくなるから左端の箱へ移す。つまり、右から2番めは1×3＝3で、③の位。その次は3が3つで繰り上がるから3×3＝9で、⑨の位。というように3倍、3倍と位取りの数が増えていく。3の位取りを整理すると、次のようになる。

729	243	81	27	9	3	1
7ケタ	6ケタ	5ケタ	4ケタ	3ケタ	2ケタ	1ケタ

これを3^0（1）、3^1（3）、3^2（9）、3^3（27）、……と指数で表す向きもあるが、実践ではあまり役に立たない。式の中に3^4や3^5が現れたとき、結局は$3^4＝3×3×3×3＝81$と計算しなければ答えにならないからだ。最初から3倍、3倍で暗算してメモしておいた方がはやい。

問題の12001は5ケタだから、下の5ケタ分の位取りを書き、

その下に12001と書き込む。上と下を掛け算して、それぞれ
を足す。

81	27	9	3	1
1	2	0	0	1

$81 \times 1 + 27 \times 2 + 9 \times 0 + 3 \times 0 + 1 \times 1 = 136$

(2) いきなり位取りの数字が書けるようになると、もう箱の
イメージはいらない。
まず7進法の位取りを3ケタ分書く。

49	7	1
2	6	4

$49 \times 2 + 7 \times 6 + 1 \times 4 = 144$

(3) 2進法の位取りを書き、その下に110010を書き込む。
位取りは、右端から1、2、4、8、16、……と、2倍になる。
2進法は「0」「1」しかないので、1の入るケタだけを計算す
ればよい。

32	16	8	4	2	1
1	1	0	0	1	0

n進法攻略の手順

例えば、問題3の（3）のように、32の位に1があるので、
32以上である。その上の64の位はないので、64未満で
ある。これだけで、正解はE、F、Gに絞られる。2進法
では、1の位が0か1かで偶数か奇数かが決まる。この場
合は0なので偶数。E、F、Gで偶数はFのみ。

物の組み合わせやサイコロなどの目の出る確率を算出する。

組み合わせと確率

速効POINT 場合別の組み合わせの算出方法、確率の算出方法の規則性をチェックしておこう。

 例題 a、b、c、d、e、fの6人のうち、3人を選んでグループを作るとき、何通りの作り方があるか。

A 6通り　　　B 10通り　　　C 12通り　　　D 18通り

E 20通り　　　F 22通り　　　G 24通り　　　H 30通り

攻略のポイントはここだ！

これは組み合わせの問題。

6人のうち3人の並び方は、$_6P_3=6\times5\times4=120$（通り）

6人のうちのある3人のグループは（a-b-c）（a-c-b）など、同じ3人でも並び方が違うと、すべて別々にカウントされている。

3人全員の並び方は、$_3P_3=3！=3\times2\times1=6$（通り）

グループ（組み合わせ）では、これらを1通りとして数える。

6人から3人を選ぶ組み合わせは$_6C_3$と書く。

$_6C_3=_6P_3\div3！=120\div6=20$（通り）

正解⇒E

問題1●あるテニスクラブで24人のなかから試合に代表2人を選手として選ぶことにした。何通りの組み合わせがあるか。

A 262通り　　　B 264通り　　　C 268通り

D 270通り　　　E 274通り　　　F 276通り

G 280通り　　　H 282通り

問題2●種類の違う8個のケーキが箱の中に入っている。この中から2つだけ取り出すとしたら、何通りの組み合わせがあるか。

A 20通り　　　　B 24通り　　　　C 28通り　　　　D 32通り

E 36通り　　　　F 40通り　　　　G 44通り　　　　H 48通り

問題3●2人のゴールキーパー、6人のバックス、6人のミッドフィルダー、4人のフォワードのいるサッカーチームがある。この中から先発メンバーとして、1人のゴールキーパー、4人のバックス、4人のミッドフィルダー、2人のフォワードの選び方は何通りあるか。

A 2000通り　　　　　B 2200通り　　　　　C 2500通り

D 2700通り　　　　　E 3000通り　　　　　F 3500通り

G 3900通り　　　　　H 4300通り

問題4●2つのサイコロを振ったとき、出た目の和が10以上となる確率を求めよ。

A $\dfrac{1}{6}$　　　　B $\dfrac{2}{6}$　　　　C $\dfrac{5}{6}$　　　　D $\dfrac{1}{12}$

E $\dfrac{5}{12}$　　　　F $\dfrac{1}{24}$　　　　G $\dfrac{1}{25}$　　　　H $\dfrac{1}{26}$

問題5●白玉が3個、赤玉が6個入った袋がある。この袋から、1個ずつ順に2個の玉を取り出すとき、2個とも白である確率を求めよ。

A $\dfrac{1}{6}$　　　　B $\dfrac{1}{12}$　　　　C $\dfrac{5}{6}$　　　　D $\dfrac{1}{4}$

E $\dfrac{5}{12}$　　　　F $\dfrac{2}{6}$　　　　G $\dfrac{3}{6}$　　　　H $\dfrac{4}{6}$

問題6●4枚のコインを同時に投げるとき、2枚以上表になる確率を求めよ。

A $\dfrac{1}{16}$　　B $\dfrac{3}{16}$　　C $\dfrac{5}{16}$　　D $\dfrac{7}{16}$

E $\dfrac{9}{16}$　　F $\dfrac{11}{16}$　　G $\dfrac{15}{16}$　　H $\dfrac{10}{16}$

問題の「解答」と「解説」

解答●問題1：F　問題2：C　問題3：D

**　　　問題4：A　問題5：B　問題6：F**

解説●問題1：24人のうち2人を選ぶ並び方は、

$_{24}P_2=24×23=552$（通り）。

選考される2人の並び方は（a、b）（b、a）と2通りで、

式にすると$_2P_1=2×1=2$（通り）。

よって24人から2人を選ぶ組み合わせは、

$_{24}C_2=_{24}P_2÷_2P_1=552÷2=276$（通り）になる。

問題2：8個のケーキのうち2個のケーキを選ぶ並び方は、

$_8P_2=8×7=56$（通り）。選ぶ2個のケーキの並び方を式にすると、$_2P_1=2×1=2$（通り）。8個のケーキから2個を選ぶ組み合わせは、$_8C_2=_8P_2÷_2P_1=56÷2=28$（通り）。

問題3：ゴールキーパー……2人から1人選ぶ→2通り

バックス……6人から4人選ぶ

→$_6C_4=（6×5×4×3）÷（4×3×2×1）=15$（通り）

ミッドフィルダー……6人から4人選ぶ

→$_6C_4=（6×5×4×3）÷（4×3×2×1）=15$（通り）

フォワード……4人から2人選ぶ

→$_4C_2=（4×3）÷（2×1）=6$（通り）

ゴールキーパー2通りのそれぞれについて、バックス15通り、さらにそれらの1通りずつについて、ミッドフィルダーが15通り、さらにフォワード6通りと枝分かれするので掛け算になる。2×15×15×6＝2700（通り）

問題4：サイコロの出る目の種類は、1～6の6種類。これが、2つのサイコロについていえるので、起こり得るすべての場合の数は、6×6＝36（これが分母となる）。

このうち、和が10以上になるのは、4＋6、5＋5、5＋6、6＋4、6＋5、6＋6の6通り。これが分子になる。

つまり確率は、$\dfrac{6}{36} = \dfrac{1}{6}$

問題5：　白：1、2、3　赤：4、5、6、7、8、9

袋から最初に取り出せる番号は9種類。そこから、2個を取り出すので、起こり得るすべての場合の数は、9個から2個を取り出す順列。$_9P_2$より9×8＝72（これが分母）。

このうち、2つとも白なのは、$_3P_2$より3×2＝6（通り）（これが分子）

つまり、確率は＝$\dfrac{6}{72} = \dfrac{1}{12}$

問題6：1枚のコインについて、表と裏の2通りが起きる。

2通りが4枚で、すべての場合は、2×2×2×2＝16（通り）。

2枚以上が表なのは［表表裏裏］［表裏表裏］［表裏裏表］［裏表表裏］［裏表裏表］［裏裏表表］［表表表裏］［裏表表表］［表表裏表］［表裏表表］［表表表表］の11通り。

つまり、確率は$\dfrac{11}{16}$

ブラックボックスを使った、ある規則に従った数値を求める。

ブラックボックス

速効
POINT　どんな組み合わせで出題されても困らないように、
ブラックボックスの規則性を記号や文字で整理する。

例題　M型、N型の2種類の装置がある。どちらも2つの
入力値に対して1つの値を出力する。

《M型》X_1とX_2の和をYとして
出力する。

$X_1 \longrightarrow$ $\longrightarrow Y$
$X_2 \longrightarrow$

《N型》X_1とX_2を比較し、等しいときはその値、異なると
きは大きい方の値をYとして
出力する。

$X_1 \longrightarrow$ $\longrightarrow Y$
$X_2 \longrightarrow$

(1)　《M型》と《N型》を下の図のように組み合わせた
装置を作った。入力値X_1、X_2と出力値Yの組み合わせとし
て正しいものは、
表のイ〜ハのどれ
か。

	イ	ロ	ハ
X_1	2	3	1
X_2	1	4	2
Y	6	7	8

A イのみ　　B ロのみ　　C ハのみ　　　D イとロ
E ロとハ　　F イとハ　　G イとロとハ
H どれも正しくない

(2)　この装置で$X_1=2$を入力したところ$Y=10$の出力を得
た。X_2の値はいくらか。

A 0　　B 1　　C 2　　　D 3
E 4　　F 5　　G 6　　　H 7

攻略のポイントはここだ！

（1）説明の都合上、2つあるM型装置の最初の方をM_1、後の方をM_2とする。

イ．$X_1=2$、$X_2=1$をこのシステムに入力すると、M_1の出力値は3。Nの出力値は$X_1>X_2$だから2。

M_2の入力値が3と2だから、$Y=3+2=5$……×

ロ．同様に$X_1=3$、$X_2=4$をこのシステムに入力すると、M_2の入力値は7（3＋4）と4（3＜4）。

M_2の出力値は、$Y=7+4=11$……×

ハ．同様に$X_1=1$、$X_2=2$をこのシステムに入力すると、M_2の入力値は3（1＋2）と2（1＜2）。

M_2の出力値は、$Y=3+2=5$……×
よってどれも正しくない。

（2）X_1、X_2の大小によって、結果がどうなるか式にしてみる。

$X_1 \geqq X_2$のとき、M_1の出力値はX_1+X_2、Nの出力値はX_1。
$Y=(X_1+X_2)+X_1=2X_1+X_2$……α

$X_1<X_2$のとき、M_1の出力値はX_1+X_2、Nの出力値はX_2。
$Y=(X_1+X_2)+X_2=X_1+2X_2$……β

αとβより、出力値Yは大きい方の2倍と小さい方の和となる。

$X_1 \geqq X_2$のとき、$2X_1+X_2=10$に$X_1=2$を代入。$X_2=6$。
$X_1<X_2$となり不適。

$X_1<X_2$のとき、$X_1+2X_2=10$に$X_1=2$を代入。$X_2=4$。

正解⇒ （1）**H** （2）**E**

問題1●次のようなブラックボックスPがある。Xの数値
はどれか。

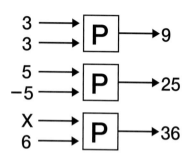

A 3

B 6

C −3

D −6

E 3または−3

F 6または−6

G 36

H −36

問題2●次のようなブラックボックスがある。Xの数値は
どれか。

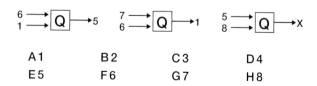

A 1
B 2
C 3
D 4
E 5
F 6
G 7
H 8

問題の「解答」と「解説」

解答●問題1：F

問題2：C

解説●問題1：3×3＝9、

5×（－5）＝－25→25と考えられる。

つまり掛け算をしたうえで、その答えの絶対値を出力するボックスである。

X×6＝36（または－36）

→X＝36÷6＝6（または－6）

問題2：大きな数から小さい数を引いて出力している。

よって 8－5＝3

頭の中だけで考えないで手を動かすことが大切

ブラックボックスは、いずれも頭を悩ませる問題ばかりだ。

落ち着いて、正確に計算していけば、特別難しい問題ではないのだが、さまざまなアウトプットを持ったブラックボックスが絡み合ってくると、ややこしくなってしまい、考えるのさえ嫌になってしまう。

間違えないコツは、とにかく「ルールを図に直接書き込んでいく」こと。これがいちばん。

頭の中だけで考えないでとにかく手を動かすようにしよう。

資料を読み込む

 資料が何の数値を統計しているのかを読み、求められている数値の前後で算出方法を見極める。

 あるクラスで英語のテストを行ったところ、次のような結果が出た。

点数（点）	人数（人）	相対度数
100	2	0.05
80〜99	（ウ）	（エ）
60〜79	6	（ア）
40〜59	3	0.075
20〜39	7	0.175
0〜19	9	0.225
計	（イ）	1

(1) アに当てはまる数はいくつか。

A 0.1　　B 0.15　　C 0.25　　D 0.36

E 0.4　　F 0.42　　G 0.46　　H 0.5

(2) イに当てはまる数はいくつか。

A 30　　B 35　　C 38　　D 39

E 40　　F 42　　G 50　　H 100

(3) ウに当てはまる数はいくつか。

A 10　　B 11　　C 12　　D 13

E 14　　F 15　　G 16　　H 17

(4) エに当てはまる数はいくつか。

A 0.3　　B 0.325　　C 0.35　　D 0.375

E 0.4　　F 0.425　　G 0.45　　H 0.475

攻略のポイントはここだ！

2種類の解き方がある。

（1）はじめに全体の人数を出してから、求める人数と相対度数がともにわかっているところに注目する。

例えば100点のところでは2人で相対度数が0.05なので、全体の人数をXとすると、

2÷X＝0.05なので、全体でX＝40人だとわかる。

よって（ア）は、6÷40＝0.15

（2）人数と相対度数の比に注目して求める人数と相対度数の比はどれも一定になっているので、人数と相対度数がともにわかっているところに注目する。

例えば100点のところだと、

2：0.05＝6：X　という式が立てられる。

これを解いて、X＝0.15

以降の問題も同様にして解く。完成した表は次のとおり。

点数（点）	人数（人）	相対度数
100	2	0.05
80〜99	13	0.325
60〜79	6	0.15
40〜59	3	0.075
20〜39	7	0.175
0〜19	9	0.225
計	40	1

正解⇒（1）B　（2）E　（3）D　（4）B

問題1●下の表は、ある中学校の生徒数50人のクラスにおける英語と数学の試験（それぞれ100点満点）の得点別人数を相関表にしたものである。英語の方が数学より成績が良かった人は何人か。

		英語				
		60	70	80	90	100
数学	60	3	5	2	2	
	70	1	1	3		4
	80		2	5		1
	90	1	3	2	2	1
	100		2	3	4	3

A 15人　　　B 16人　　　C 17人　　　D 18人
E 19人　　　F 20人　　　G 21人　　　H 22人

問題2●下の表は、ある小学校の全校生徒にアンケートをとった回答である。少なくとも犬を一度でも飼ったことがある生徒の割合は何%か（小数点以下四捨五入）。

	犬	猫	その他
飼っている	298	129	378
以前飼っていた	125	67	492
飼ったことはない	654	881	207

A 33%　　　B 34%　　　C 35%　　　D 36%
E 37%　　　F 38%　　　G 39%　　　H 40%

問題の「解答」と「解説」

解答●問題1： D　**問題2：** G

解説■問題1： 相関表の見方に慣れると、2つの種類の違うデータの間のさまざまな関連を要領よく見抜くことができるようになる。左上から右下に向かう対角線は、2つのデータの数値が同じ生徒数を示している。それより右上が数学より英語の点数が良いグループ、左下が数学の方が良いグループである。

		英語				
		60	70	80	90	100
数学	60	3	5	2	2	
	70	1	1	3		4
	80		2	5		1
	90	1	3	2	2	1
	100		2	3	4	3

網かけされている枠内の数値の合計が英語の方が良かった人数（18人）である。

問題2： 犬を飼っている生徒は298名、犬を飼ったことがある生徒は125名、犬を飼ったことがない生徒は654名。
したがって、犬を一度でも飼ったことがある生徒は、
298＋125＝423名。
全体に占める割合は、
（298＋125）÷（298＋125＋654）＝423÷1077≒39（％）

資料の読み込みのポイント

必ず資料全体を見て、求められている数値と他の数字との関連性や位置づけを見極めることが大切である。

全体の集合、個々の集合、重なり合う集合が問われる。

集合

速効
POINT
文章を読んだだけではわかりにくい問題が多いので、線分図等の図を書いて整理しよう。

例題
ある商社で、社員の60%は英語もフランス語も話せない。しかし30%は英語が話せ、13%はフランス語が話せる。英語もフランス語も話せる社員の割合はどれだけか。

A 0%　　　　B 1%　　　　C 2%　　　　D 3%

E 4%　　　　F 6%　　　　G 7%　　　　H 10%

攻略のポイントはここだ！

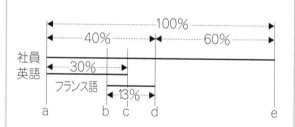

(1) 線分全体（a～e）を100%（社員全体とする）。
(2) 右端に英語とフランス語のどちらも話せない社員60%をとる（d～e）。
(3) 左端a～d間の40%は少なくともどちらかが話せる社員。
(4) a～d間に、左側から英語が話せる社員30%（a～c）をとると、残りのc～d間は40－30＝10（%）（ここで残りを出しておくことが大切）。

（5）a〜d間の右側にフランス語を話せる社員13%（b
〜d）をとると、b〜c間でa〜cと重なる。
（6）a〜b間は英語のみ、b〜c間は両方とも、c〜d間は
フランス語のみ話せる社員の集合。
（7）英語もフランス語も話せる社員はb〜c間。
　　13−10＝3（％）

正解⇒D

問題1●男女共学の小・中・高・大学一貫校が、ある地域
からの通学生を調査したところ次のことがわかった。

ア．この地域から通学している生徒・学生の総数は50人
　である。
イ．男子の生徒・学生の合計は47人である。
ウ．大学生と中学生を合計した人数は36人である。
エ．中学生と小学生を合計した人数は11人である。
オ．中学生の男子は5人、高校生の男子は8人である。
カ．小学生の女子は3人であり、高校生の女子はいない。

以上のことから、この地域から通学する男子の大学生は
何人と考えられるか。

A 25人　　　　B 28人　　　　C 30人　　　　D 31人
E 34人　　　　F 35人　　　　G 36人　　　　H 39人

問題2●ある企業の従業員105人にパソコンの機能別利用
状況について調査したところ、次の結果を得た。

	ワープロ機能	表計算機能	メール機能
よく使う	58人	38人	80人
あまり使わない	47人	67人	25人

「ワープロ機能」と「表計算機能」の両方をよく使うと答えた人が27人いた。どちらも「あまり使わない」と答えた人は何人か。

A 3人　　　　B 9人　　　　C 18人　　　　D 24人
E 28人　　　　F 29人　　　　G 33人　　　　H 36人

問題の「解答」と「解説」

解答●問題1：D　問題2：H

解説●問題1：

（1）小、中、高、大学と、男女別の2系統に分類されることを考え、下のような分類表を作る。

（2）ア〜カの条件で与えられている数値をすべて書き込む。

（3）あとは「芋づる」式に計算できるところから数値を入れていく。およその筋道がつかめたら、不要なところは空欄のままでよい。

	男子	女子	合計
大学生	g・・・31		c・・・31
高校生	オ・・・8	カ・・・0	a・・・8
中学生	オ・・・5		d・・・5
小学生	f・・・3	カ・・・3	e・・・6
合　計	イ・・・47	b・・・3	ア・・・50

a……8＋0（オ＋カ）

b……50−47（ア−イ）

c……50−11−8＝31（ア−エ−a）

d……36−31＝5（ウ−c）

e……11−5＝6（エ−d）

f ……6−3＝3（e−カ）

g……47−5−8−3＝31

問題2：3つの集合の問題のように見えるが、2つの集合の重なりの問題である。線分図でも表でも解ける。ここでは、線分図で解く。

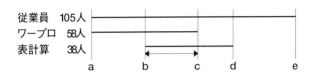

$38-27=11$（c～d）

$58+11=69$（a～c+c～d=a～d）

$105-69=36$（人）

ベン図を書いてみる

集合の問題はベン図を書いて解答を得る方法もある。これで整理すると解答が見えてくる。

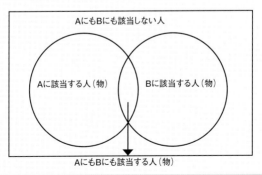

仕事算 1

速効
POINT
仕事全体を1として考えよう。各自の仕事量を算出して、全体の仕事量を考えよう。

例題
ともちゃんとあやかちゃんの2人で、ある仕事をやるとする。ともちゃんだけですれば10日かかり、あやかちゃんだけならば15日かかる。この仕事を2人ですると何日かかるか。

A 1日　　　　B 2日　　　　C 3日　　　　D 4日
E 5日　　　　F 6日　　　　G 7日　　　　H 8日

攻略のポイントはここだ！

「仕事算」のポイントは、仕事全体を1とすること。この問題は、単位（1時間・1日など）当たりの仕事量を推理していく問題である。

ともちゃんの1日の仕事量は $\dfrac{1}{10}$

あやかちゃんの1日の仕事量は $\dfrac{1}{15}$

それでは、2人の共同作業で1日の仕事量は、

$$\frac{1}{10} + \frac{1}{15} = \frac{3}{30} + \frac{2}{30} = \frac{5}{30} = \frac{1}{6}$$

つまり、1日で全体の $\dfrac{1}{6}$ の仕事をする。

ゆえに、全体の仕事をする日数は、$1 \div \dfrac{1}{6} = 6$（日）

正解⇒F

問題1●賢治さんと徹さんがある仕事をするのに、2人で4日間すると、残りは賢治さんだけで2日して、徹さんだけで1日したら完成する。2人で4日間した後、残りの仕事を賢治さんだけですると、3日間してまだ仕事全体の$\frac{1}{60}$が残る。この仕事を、最初から賢治さんだけですると、何日間で完成するか。

A 11日　　　　B 12日　　　　C 13日　　　　D 14日
E 15日　　　　F 16日　　　　G 17日　　　　H 18日

問題2●狼が4匹ですると、3時間で食事の用意ができる。食事の用意を5匹で1時間した後、残りを2匹ですると、あと何時間何分かかるか。

A 1時間　　　　B 1時間半　　　C 2時間　　　　D 2時間半
E 3時間　　　　F 3時間半　　　G 4時間　　　　H 4時間半

問題3●6人ですると15日かかる仕事がある。次の問いに答えよ。

(1) この仕事を15人ですると、何日で終わるか。
A 1日　　　　　B 2日　　　　　C 3日　　　　　D 4日
E 5日　　　　　F 6日　　　　　G 7日　　　　　H 8日

(2) この仕事を10日で終わらせるには、何人ですればよいか。
A 4人　　　　　B 6人　　　　　C 7人　　　　　D 9人
E 10人　　　　F 11人　　　　G 12人　　　　H 13人

問題の「解答」と「解説」

解答●問題1：**B**　問題2：**F**　問題3：　(1) **F**　　(2) **D**

解説●問題1：2人で4日間した後、賢治さん2日、徹さん

1日で完成し、賢治さん3日では$\frac{1}{60}$が残ることから、

賢治さん1日の仕事は徹さん1日分より$\frac{1}{60}$少ないことがわかる。

全部の仕事を仕上げるのに、延べにして賢治さん6日と徹さ

ん5日だから、徹さん5日の分を賢治さん5日と$\frac{5}{60}$と置き換

えると、全部の仕事は賢治さん11日分と$\frac{5}{60}$となる。

つまり、仕事全体の$\frac{55}{60}$が賢治さんの11日分の仕事という

わけだ。

だから、11÷$\frac{55}{60}$＝12で、

賢治さんだけですると12日かかることがわかる。

問題2：まず、仕事の量を考える。

仮に、狼1匹で1時間に▲1つ分の仕事ができるとすると、狼

が4匹で3時間だから、全部の仕事の量は12になる。

図に書くと　▲▲▲　　▲▲▲　　▲▲▲　　▲▲▲

狼1匹1時間にできる仕事の量は「1さんかく」ということ。

ところが、仕事はまず5匹で1時間行ったから、

1×5＝5。→▲▲▲▲▲

「5さんかく」だけ仕事は終わった。すると残りは、

12－5＝7（さんかく）となる。残りの仕事は2匹で行ったのだから、1時間に▲▲「2さんかく」だけ仕事が終わる。
だからかかる時間は、**7÷2＝3.5時間＝3時間30分**

問題3：単位（1時間・1日など）当たりの仕事量を1として、全体の仕事量を推理する問題を「帰一算（きいちざん）」と言う。
この問題は帰一算の一例だ。

（1）1人が1日にする仕事量を1として全体の量は、
1×6×15＝90
15人が1日にする仕事量は、1×15＝15
終わるための日数は、90÷15＝6（日）
（2）1人が10日でする仕事量は、1×10＝10
終わらせるのに必要な人数は、90÷10＝9（人）

ウラワザで差をつけろ！

これが仕事算のコツ

● まず、仕事全体を1として考えること。
● 次に1人ができる単位（1時間・1日など）当たりの仕事量を求める。
　　例えば、Aさんが3日でする仕事の1日分の仕事量は $\frac{1}{3}$、Bさんが同じ仕事を4日ですると1日分の仕事量は $\frac{1}{4}$ となる。
● 2人でする場合の仕事量は、Aさんの仕事量とBさんの仕事量を足せば、2人で1日分の仕事量が出る。

《公式として覚えておこう》
仕事全体（1）÷1日（時間）の仕事量＝日数（時間）

水槽に満たされる時間や水の量を求める。

仕事算2

速効
POINT
水槽全体を1として考えよう。注水量（排水量）は「1÷かかる時間」と考えよう。

例題　ある水槽を満水にするのに、A管を開くと12分間かかり、B管を開くと15分間かかる。また、C管を開くと満水の水槽を20分間でからにすることができる。A管、B管、C管を同時に開いて、からの水槽を満水にするには何分間かかるか（小数点以下は四捨五入せよ）。

A 5分間　　　B 7分間　　　　C 10分間　　　D 13分間
E 16分間　　　F 19分間　　　　G 21分間　　　H 23分間

攻略のポイントはここだ！

（1）水槽全体の水量を1とする。

（2）A管の単位時間（1分）当たりの注水量は、『$\frac{1}{12}$』

　　　B管の単位時間（1分）当たりの注水量は、『$\frac{1}{15}$』

　　　C管の単位時間（1分）当たりの排水量は、『$\frac{1}{20}$』

（3）各管を同時に開いた場合の単位時間（1分）当たりの注水量は、（2）で求めた数値より、

$$\frac{1}{12} + \frac{1}{15} - \frac{1}{20} = \frac{6}{60} = \frac{1}{10}$$ である。

（4）各管を同時に開いた場合の水槽が満水になる所要時間は、水槽全体の水量1を（3）で求めた単位時間（1分）当たりの注水量で割ればよい。　$1 \div \frac{1}{10} = 10$

よって、10分間で水槽が満水になることが求められる。

正解⇒C

問題1●ある水槽でX管は50分で、Y管は40分で満たすことができる。次の問いに答えよ。

(1) X、Y管両方を同時に開くと、水槽は何分でいっぱいになるか。もっとも近いものを選べ。

A 18分 　　　B 19分 　　　C 20分 　　　D 21分
E 22分 　　　F 23分 　　　G 24分 　　　H 25分

(2) 排水管Zは10分で水槽をからにできる。水槽に水が満たされた状態からX～Z管すべてを開けると、水槽は何分後にからになるか。もっとも近いものを選べ。

A 18分 　　　B 19分 　　　C 20分 　　　D 21分
E 22分 　　　F 23分 　　　G 24分 　　　H 25分

問題2●ある水槽に水をいっぱいにするのにA管だと3時間、B管だと6時間かかる。また、この水槽にいっぱいある水を流し出してからにするのにC管だと4時間、D管だと8時間かかる。次の問いに答えよ。

(1) A管、B管の両方使うと何時間で水がいっぱいになるか。

A 30分 　　　　　　B 1時間 　　　　　　C 1時間15分
D 1時間30分 　　　E 1時間45分 　　　F 2時間
G 2時間15分 　　　H 2時間30分

(2) 水槽いっぱいの水をC管で1時間流し出した後、C管とD管で残りを流し出すと、からになるのに最初から数えて全部でどれだけかかるか。

A 1時間30分 　　　B 2時間 　　　　　C 2時間30分
D 3時間 　　　　　E 3時間30分 　　　F 4時間
G 4時間30分 　　　H 5時間

解答●問題1： (1) E　　(2) A
　　　　問題2： (1) F　　(2) D

解説●問題1： (1) この水槽に入る水の量を1とすると、

X管では1分当たり「$\frac{1}{50}$」、Y管では「$\frac{1}{40}$」の量を注入できる。

よって1分当たりの注入量は「$\frac{1}{50} + \frac{1}{40}$」となり、

答えは $1 \div (\frac{1}{50} + \frac{1}{40}) = \frac{200}{9} ≒ 22.2222\cdots$ で

22分がいちばん近い答え。

(2) 排水管Zで排水できる水の量は「$\frac{1}{10}$」。　すべての管

を開けると排水される水の量は「$\frac{1}{10} - (\frac{1}{50} + \frac{1}{40})$」
となり、

答えは $1 \div \{\frac{1}{10} - (\frac{1}{50} + \frac{1}{40})\} = \frac{200}{11} ≒ 18.1818\cdots$

で18分がいちばん近い答え。

問題2： (1) 水槽いっぱいを仮に1とし、水を入れる管の
(能力／時間) で割れば求める答えを引き出せる。

A管の能力は $\frac{1}{3}$、B管の能力は $\frac{1}{6}$、よって、

A管＋B管＝ $\dfrac{1}{3}$ ＋ $\dfrac{1}{6}$ ＝ $\dfrac{1}{2}$

したがって、1÷ $\dfrac{1}{2}$ ＝2 （時間）となり、正解はFとなる。

(2)「1時間流し出した後」という語句がカギ。

つまり、（1－ $\dfrac{1}{4}$ ）÷（ $\dfrac{1}{4}$ ＋ $\dfrac{1}{8}$ ）＝2では、

最初の1時間を計算に入れていないことになるので、
1時間を足せば3時間となり、正解はDとなる。

水槽算の解法パターン

(1) 水槽全体の水量を1とする。
(2) 各管の単位時間当たりの注水量、あるいは排水量を
『1÷かかる時間』の分数で求める。
(3) 各管の単位時間当たりの注水量を足し合わせ、単位
時間の排水量をそこから引くと、各管を同時に開いた
場合の単位時間当たりの注水量が求められる。
　(2)で求めた注水する各管の『1÷かかる時間』を足
し合わせ、排水する管の『1÷かかる時間』をそこか
ら引くと、各管を同時に開いた場合の単位時間当たり
の注水量が求められる。
(4) (3)で求めた数値で水槽全体の水量1を割り算すれ
ば、各管を同時に開いた場合の水槽が満水になる時間
が求められる。
　(3)で求めた数値の逆数を取ればよい。

代金計算

 計算自体は難しくないので、とにかく条件を書き出し正確に計算する。

 PはQに2000円貸しており、QはRに3000円貸している。また、RはPに4000円貸している。その3人がパーティーを開くことになり、ピザを3枚注文。Rがその代金の6000円を立て替えた。
この時、3人の間の貸し借りをすべて精算するためにPがRに（　ア　）円支払い、QがRに（　イ　）円支払った。アとイに当てはまる数字はいくらになるか。

A ア：1000円、イ：4000円　　B ア：1000円、イ：5000円
C ア：2000円、イ：3000円　　D ア：2000円、イ：4000円
E ア：3000円、イ：2000円　　F ア：3000円、イ：3000円
G ア：4000円、イ：1000円　　H ア：4000円、イ：2000円

攻略のポイントはここだ！

3人のお金の貸し借りは次のようになる。

PはQに2000円の貸しがあり、Rに4000円の借りがある。さらにRがピザ代を立て替えている（1人当たり2000円）ので、PのRからの借りは合計で6000円。
よって2000円－6000円＝－4000円
Pは4000円をRに返せばよい。

QはRに3000円の貸しがあり、Pに2000円の借りがある。
3000円－2000円＝1000円
Qは実質ピザ代2000円のうち1000円を支払っていることになり、残りの1000円をRに支払えばよい。

正解⇒G

問題1●あるサッカーサークルでユニホームを作ることになった。ユニホームの代金は上下1組1万円。ただし、10組を超える場合、11組からは2.5割引きとなる。（消費税は考えないものとする）

(1) ユニホームを22組作った場合はいくらになるか。

A 18万円　B 18万5000円　C 19万円　D 19万5000円
E 20万円　F 20万5000円　G 21万円　H 21万5000円

(2) 同条件で、ユニホームを一人当たり2割引きの8000円で買うには何組注文すればよいか。

A 30組　　　B 35組　　　C 40組　　　D 45組
E 50組　　　F 55組　　　G 60組　　　H 65組

問題2●Aさんが最新式のテレビを購入した。購入時に総額の5分の1を支払い、残りは3回の分割支払いにした。

(1) 分割支払いの1回分は支払い総額のどれだけにあたるか。

A $\frac{1}{3}$　　　B $\frac{1}{5}$　　　C $\frac{1}{7}$　　　D $\frac{4}{9}$
E $\frac{5}{12}$　　　F $\frac{4}{15}$　　　G $\frac{7}{18}$

(2) 分割支払い2回目の支払いが終わった時点の支払い額は総額のどれだけにあたるか。

A $\frac{1}{3}$　　　B $\frac{4}{5}$　　　C $\frac{5}{7}$　　　D $\frac{6}{9}$
E $\frac{7}{10}$　　　F $\frac{8}{15}$　　　G $\frac{11}{15}$

問題の「解答」と「解説」

解答●問題1： (1) C　　(2) E
　　　　問題2： (1) F　　(2) G

解説●問題1：

(1) 割引なしの分と、割引ありの分を別に考える。

割引なし
1万円×10組＝10万円

割引あり
1万円×0.75×（22組－10組）＝9万円

割引なし＋割引あり
10万円＋9万円＝19万円

(2) 注文するユニホームの組数をXとし方程式を立ててみる。
料金の総額＝8000円×X組で8000Xとなる。
料金の総額（詳細）＝1万円×10組＋1万円×0.75（2.5割引き）×（X組－10組）で10万＋7500（X－10）となる。

この連立方程式を解くと……
8000X＝10万＋7500（X－10）
8000X－7500X＝10万－7万5000
500X＝2万5000
X＝50組

●問題2：
(1) 分割支払いを図にしてみる。

割合を掛け合わせることで答えが求められる。

$$\frac{4}{5} \times \frac{1}{3} = \frac{4}{15}$$

（2）分割支払いの図で考える。

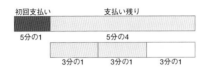

分割支払い2回目までの総額は次の式で表せる。

$$\frac{1}{5} + \left(\frac{4}{5} \times \frac{2}{3} \right)$$

$$= \frac{1}{5} + \frac{8}{15} = \frac{3}{15} + \frac{8}{15} = \frac{11}{15}$$

代金計算は主に「割り勘」、「割引」、「分割払い」が出題される。

● 「割り勘」は各人の貸し借りを整理。
● 「割引」は割引ありと割引なし分をそれぞれ分離して計算。
● 「分割払い」は図にして整理。
このように覚えておくとよい。

商品の売買を題材に、原価や利益を求める。

損益算

 （売上額−仕入れ値）÷売上額＝利益率
速効 仕入れ値÷売上額＝原価率、利益率＋原価率＝1
POINT

例題 定価600円の品物を10%引きで売ったら、仕入れ
値の25%利益があった。1個の仕入れ値はいくらか。

A 120円　　　B 378円　　　C 400円　　　D 432円
E 512円　　　F 600円　　　G 618円　　　H 656円

攻略のポイントはここだ！

1個の仕入れ値をXとする。割引10%は小数で0.1。
定価600円の10%引き＝600×（1−0.1）＝600×0.9＝
540（円）＝売価
仕入れ値の25%の利益を含む価格＝（1＋0.25）X＝
1.25X（円）＝売価
つまり、1.25X＝540→X＝540÷1.25＝432（円）
注意：600×（1−0.1）×（1−0.25）＝405を仕入れ値
としないこと。定価の10%とは、定価×0.1。仕入れ値の
25%とは、仕入れ値×0.25。
正解⇒D

問題1●1個の卸値が600円の品物を300個仕入れ、卸値の3
割の利益を見込んで定価をつけた。そのうち60%は定
価で売り、残りは定価の1割引にした。すべてを売り尽
くしたとすると、利益は全部でいくらか。

A 32000円　　　　B 43200円　　　　C 44000円
D 44640円　　　　E 46250円　　　　F 48200円
G 49200円　　　　H 49800円

問題2●原価4000円の品物に原価の25%を利益として見込んで定価をつけた。この品物の定価はいくらか。

A 3800円　　　　B 4000円　　　　C 4500円

D 4800円　　　　E 5000円　　　　F 5200円

G 5500円　　　　H 5800円

問題3●ある学用品を1個200円で仕入れ、そのうちの20%は2割の利益を見込んだ定価で売った。残りの学用品を値引きして全体で1割の利益を確保するには、残りの商品を何円で売ればよいか。

A 205円　　　B 208円　　　C 210円　　　D 212円

E 215円　　　F 220円　　　G 225円　　　H 230円

問題4●5万円で仕入れた品物に3割の利益があがるように定価をつけたが、売れなかったので、定価の2割5分引きで売った。次の問いに答えよ。

(1) 最初につけた定価は何円か。

A 65000円　　　　B 75000円　　　　C 85000円

D 95000円　　　　E 105000円　　　F 115000円

G 118000円　　　H 120000円

(2) 売価は何円か。

A 17500円　　　　B 32000円　　　　C 48750円

D 52500円　　　　E 63000円　　　　F 65000円

G 75000円　　　　H 85000円

問題の「解答」と「解説」

解答●問題1：D　問題2：E　問題3：E
　　　問題4：(1) A　(2) C

解説●問題1：定価：600×（1+0.3）=780（円）
定価の1割引：780×（1-0.1）=702（円）
60%=0.6　300×0.6=180（個）
残り=300-180=120（個）　780×180=140400（円）
702×120=84240（円）
300個の原価：600×300=180000（円）
（140400+84240）-180000=44640（円）

問題2：4000×（1+0.25）=5000（円）
または、4000円×0.25=1000　4000+1000=5000（円）
式は簡単だが、計算はけっこう面倒だ。

[速解計算法]　25%=$\frac{1}{4}$を知っていると話ははやい。

$\frac{1}{4}$は$\frac{1}{2}$の$\frac{1}{2}$、つまり半分のそのまた半分。

4000の半分=2000
2000の半分=1000（4000×0.25が暗算で解ける）。

問題3：個数が書いていない→いくつでも解答に支障はない
→仮に100個と設定する。
仕入れ原価…200×100=20000（円）
→目標利益（原価の1割）…2000（円）
200円の2割の利益…40円
定価で売った個数（100個の20%）=20個
定価で売った利益…40×20=800（円）

値引き分の利益…2000−800＝1200（円）
値引き商品の個数…100−20＝80（個）
値引き商品1個の利益…1200÷80＝15（円）
値引きの商品の売価…200＋15＝215（円）

問題4：

（1）定価＝原価（仕入れ値）×（1＋利益の割合）より、
50000×（1＋0.3）＝65000（円）

（2）売価（売り値）＝定価×（1−値引きの割合）より、
65000×（1−0.25）＝65000×0.75＝48750（円）

2割5分は、0.25として計算する。

「売上」「原価」「利益」の仕組み

売上、原価、利益の仕組みをここでおさえておこう。

（1）**定価＝原価（仕入れ値）×（1＋利益の割合）**

（2）**売価（売り値）＝定価×（1−値引きの割合）**

（3）**利益＝売価（売り値）−原価（仕入れ値）**

（4）**利益率＝（売上−原価）÷原価**

（5）**割引価格（定価から○○円引）＝定価−（定価×割引率）**

（6）**割引率（定価の○○割引）＝割引価格÷定価**

原価		利益	
定価		利益	割引
売価		利益	割引

また、紛らわしい表現もあるので注意が必要だ。

定価の5％といったら、定価×0.05

売上の5％といったら、売上×0.05

原価の5％といったら、原価×0.05

となる。間違えないよう注意しよう。

物体が動く速度を利用して時間や距離を算出する。

速度算 1

 速効 POINT 計算するときは、分と時間、mとkmの単位を
必ずそろえる。難しく考えず公式に当てはめる。

例題 A君は時速60kmで、Bさんは時速35kmで、同時
に同じ地点から同じ方向へ自転車を運転しはじめ
た。30分後に2人は何km離れているか。

A 10km   B 12.5km   C 15km
D 17.5km   E 20km   F 22.5km
G 23km   H 23.5km

攻略のポイントはここだ！

（Aの速度）×時間－（Bの速度）×時間＝AB間の距離
この式を簡単にすると、
（Aの速度－Bの速度）×時間＝AB間の距離
注意：式では必ず、分と時間、mとkmの単位をそろえる。

$$(60-35) \times \frac{30}{60} = 25 \times \frac{1}{2} = 12.5 \ (km)$$

分を時間に直すときは、分母を60の分数にして計算する
のがはやい。

正解⇒B

問題1●Aは時速15kmで、Bは時速20kmで自転車に乗って、同じ地点から同じ方向にスタートした。1時間24分後に2人は何km離れているか。

A 3km   B 4km   C 5km   D 6km

E 7km   F 8km   G 9km   H 10km

問題2●分速70mの甲と分速65mの乙が、周囲3240mの円形の池の周りを、同じ地点から反対の方向に向かって出発した。次の問いに答えよ。

(1) 2人が出会うのは、出発してから何分後か。

    A 18分後   B 20分後   C 22分後   D 24分後

    E 26分後   F 28分後   G 30分後   H 32分後

(2) 出発してから16分後、2人の間は何m離れているか。

    A 960m   B 1080m   C 1360m   D 1960m

    E 2040m   F 2200m   G 3200m   H 3600m

問題3●分速70mのa君と分速62mのb君が6600m離れた2地点から向かい合って同時に出発した。2人が出会うのは出発してから何分後か。

A 40分後   B 48分後   C 50分後   D 56分後

E 60分後   F 68分後   G 70分後   H 76分後

問題4●6kmの道のりがある坂道を、上りは毎時3km、下りは毎時6kmの速さで往復した。往復の平均の速さは、毎時何kmか。

A 毎時4km   B 毎時4.5km   C 毎時6.5km

D 毎時8.5km   E 毎時9km   F 毎時9.2km

G 毎時9.5km   H 毎時9.8km

問題の「解答」と「解説」

解答●問題1：E　問題2：(1) D　　(2) B

問題3：C　問題4：A

解説●問題1：1時間24分＝84分　→ $\dfrac{84}{60}$（時間）

速度の差×時間＝離れる距離…（20－15）× $\dfrac{84}{60}$ ＝7

問題2：(1)

甲、乙2人で1分間に進む距離…70＋65＝135（m）

3240（m）÷135（m/分）＝24（分後）

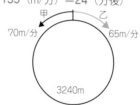

(2) 1分間に2人が進む距離は…135（m）

16分間では…135×16＝2160（m）

これが答えとは限らない。2人の進む距離の合計が池の半周を超えると、だんだん2人の距離は近づく。

残りの間隔は…3240－2160＝1080（m）

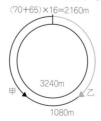

問題3：2人の間の距離は1分当たり70＋62＝132（m）ずつ縮まる。

6600m縮まるには…6600÷132＝50（分）

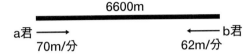

6600m

a君 ——→
70m/分

←—— b君
62m/分

問題4：上りにかかった時間は、6÷3＝2（時間）、

下りにかかった時間は、6÷6＝1（時間）。

よって、往復にかかった時間は（2＋1）時間。

したがって、（6×2）÷（1＋2）＝12÷3＝4（km／時）

（注）（3＋6）÷2＝4.5（km／時）としやすいので注意。

速解への公式を覚えておこう

●同じ方向へ進んだときの2者の距離差

（Aの速度－Bの速度）×時間＝AB間の距離差

●反対方向へ進んだときの2者の距離

（Aの速度＋Bの速度）×時間＝AB間の距離

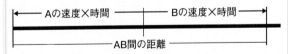

|←—— Aの速度×時間 ——→|←—— Bの速度×時間 ——→|

|←———————— AB間の距離 ————————→|

●向き合って進んだ2者が出会うまでの時間

AB間の距離÷（Aの速度＋Bの速度）＝出会うまでの時間

●Bが先に行ったAに追いつくまでの時間

Aが先行した分の距離÷（Bの時速－Aの時速）＝追いつくまでの時間

川の流れる速度との関係で移動する距離や時間を求める。

速度算 2

川の流れは、常に上流から下流へ一定の速度で流れていることを忘れないようにしよう。

例題 川の下流のB港から100km上流のA港まで、いつも、船で1時間20分かかる。ところが、ある日、途中でエンジンが1時間、動かなくなり2時間40分かかった。川は時速何kmで流れているか。

A 15km/時　　B 22km/時　　C 25km/時　　D 32km/時

E 35km/時　　F 37km/時　　G 40km/時　　H 41km/時

攻略のポイントはここだ！

まず、船の時速を考える。100kmを1時間20分だから、時速は、

$$100 \div 1\frac{1}{3} = 75 \ (km/時)$$

普段は1時間20分のところを、2時間40分かかり、1時間とまっていたということは、

2時間40分－1時間20分－1時間＝20分

と計算して、いつもより20分長く船はエンジンを動かしていたことになる。それが流された距離。

20分で船が走る距離は、船が時速75kmだから20分では

$$75 \times \frac{1}{3} = 25km$$

25kmが流された距離となる。

つまり川は1時間のうちに25km流れた。

正解⇒C

問題1●ボートでA地点から川を下ってB地点まで行くの
と、B地点から川を上ってA地点まで行くのとでは、
かかる時間の比は5：13。ボートの静水時での速さが
18km/時であるとき、川の流れの速さを求めよ。

A 2km/時 B 3km/時 C 4km/時 D 5km/時

E 6km/時 F 7km/時 G 8km/時 H 9km/時

問題2●40km離れた川上と川下に船着場がある。上ると
きは5時間、下るときは4時間かかる。次の問いに答え
よ。

(1) 川の流れの速さはいくらか。

A 0.5km/時 B 1.0km/時 C 1.5km/時 D 2.0km/時

E 2.5km/時 F 3.0km/時 G 3.5km/時 H 4.0km/時

(2) 船の速さはいくらか。

A 2km/時 B 3km/時 C 4km/時 D 5km/時

E 6km/時 F 7km/時 G 8km/時 H 9km/時

問題3●川の上流にあるA町と80km離れた下流のB町と
の間を2隻の定期船が往復している。静水時での船の速
さはいずれも毎時10kmで、川の流れの速さは毎時3km。
2隻の船が同時にA町とB町を出発したとき、2隻の船
がすれちがうのは、B町から何km離れた地点か。

A 22km B 23km C 24km D 25km

E 26km F 27km G 28km H 29km

問題4●A・B・C、3人がボートで長さ60kmの川をこぎ
下るのに、Aは6時間、Bは7時間かかった。いま静水
で3人がこぐ速さの比は5：4：3であるという。Cなら
こぎ下るのに何時間かかるか。

A 6.5時間 　　　　　B 7.4時間 　　　　　C 8.4時間

D 9.1時間 　　　　　E 10.5時間 　　　　　F 11.6時間

G 12.5時間 　　　　　H 15時間

問題の「解答」と「解説」

解答●問題1：G　問題2：(1) B　　(2) H
　　　問題3：G　問題4：C

解説●問題1：ボートで川をさか上るときは、川の流れに押
されて船の進む速さは、静水時での速さより流れの分だけ遅
くなる。逆に、川を下るときには、流れに乗り流れの分だけ
速くなる。このことを考えて問題を解こう。

下りと上りの速さの比は、かかった時間の比の逆比だから、
13：5。

この差は流れの速さの＋－によるものだから、

13－5＝8から8÷2＝4で流れの速さは4となる。

　　下る速さ（13）＝ボートの速さ＋流れの速さ

　　上る速さ（5）＝ボートの速さ－流れの速さ

　　差をとって（8）＝流れの速さ×2

したがって、ボートの速さは13－4＝9となる。

これが、18km/時なので、

18÷9×4＝8から8km/時が川の流れの速さとなる。

問題2：上りの速さ：40km÷5時間＝8km（時速）

　　　　下りの速さ：40km÷4時間＝10km（時速）

流れの速さ：（10km−8km）÷2＝1km（時速）
船の速さ：8km＋1km＝9km（時速）

問題3：上りの船の速さは　10−3＝7　時速7km
下りの船の速さは　10＋3＝13　時速13km
2隻が同時に近づくとき、1時間に20km近づく。
2隻が出会うまでの時間は 80÷20＝4
4時間である。この間にB町を出発した上りの船は
7×4＝28　28km進むことになる。

問題4：AとBがこぎ下る速さの比は7：6である。
流れの速さはA・B・Cの静水時の速さの比5：4：3に対して2に当たる。
（A＝7−5　B＝6−4　いずれも2）
Cのこぎ下る速さは、3＋2＝5
5に当たるので、Aのこぎ下る時間の $\frac{7}{5}$ 倍（Bの $\frac{6}{5}$ 倍）
かかる。
$6 \times \frac{7}{5} = 8.4$　（または　$7 \times \frac{6}{5} = 8.4$）

流水算速解の公式を覚えておこう

●川の上りの速度＝静水時の速度−川の速度
●川の下りの速度＝静水時の速度＋川の速度
●川の速度＝（川を下るときの速度−川を上るときの速度）÷2

これだけしっかり覚えておけば、どんな問題でも怖くない。

鶴と亀を合計した数と足の本数から各々の数を求める。

鶴亀算

速効
POINT すべてが鶴（もしくは亀）として考えよう。
また、鶴＝X、亀＝Yとして方程式を解こう。

 例題 鶴と亀が合わせて25匹いた。足の合計が62本だと亀は何匹か。

A 3匹　　　　B 4匹　　　　C 5匹　　　　D 6匹
E 7匹　　　　F 8匹　　　　G 9匹　　　　H 10匹

攻略のポイントはここだ！

25匹全部が足2本の鶴だとして足の数を計算すると、

2×25＝50（本）

実際の足の合計本数62本と50本の差を求める。

62－50＝12（本）

この12を亀1匹と鶴1羽の足の本数の差で割れば、足が4本の亀の数が出る。

12÷（4［亀］－2［鶴］）＝6（亀は6匹）

逆に全部が足4本の亀として考えると、足が2本の鶴の数が出る。

4×25＝100（本）

62－100＝－38（－記号は無視してよい）

38÷（4［亀］－2［鶴］）＝19（鶴は19羽）

正解⇒D

問題1●50円切手と80円切手を合計14枚買って1000円を支払った。50円切手を何枚買ったか。

A 1枚　　　　B 2枚　　　　C 3枚　　　　D 4枚
E 5枚　　　　F 6枚　　　　G 7枚　　　　H 8枚

問題2●サイコロを振って、奇数が出たら3点、偶数が出たら5点を与えるゲームをした。10回サイコロを振ったら、40点になった。奇数は何回出たか。

A 4回　　　　B 5回　　　　C 6回　　　　D 7回
E 8回　　　　F 9回　　　　G 10回　　　H 11回

問題3●歩くときの速さが分速65m、走るときの速さが分速140mの人が、ちょうど30分で2475m離れた所まで行くには、何分間走らなければならないか。

A 3分　　　　B 4分　　　　C 5分　　　　D 6分
E 7分　　　　F 8分　　　　G 9分　　　　H 10分

問題4●鶴と亀とトンボとタコが合わせて14匹いる。足の数は全部で78本、目の数は37個、羽根の数は20枚である。次の問いに答えよ。

なお、トンボには足が6本、羽根が4枚、目が複眼2個と単眼3個の合計5個あるものとする。また、タコは目が2個、足が8本である。

(1) トンボの数を求めよ。

A 1匹　　　　B 2匹　　　　C 3匹　　　　D 4匹
E 5匹　　　　F 6匹　　　　G 7匹　　　　H 8匹

(2) 亀の数を求めよ。

A 1匹　　　　B 2匹　　　　C 3匹　　　　D 4匹
E 5匹　　　　F 6匹　　　　G 7匹　　　　H 8匹

問題の「解答」と「解説」

解答●問題1：D　問題2：B　問題3：E
　　　問題4：（1）C　（2）A

解説●問題1：まず、すべて50円切手を買ったとする。すると、合計700円になるので、1000円より300円少ないことになる。そこで、80円切手を1枚ずつ増やす。
80円切手を1枚増やすと
（50×13）＋（80×1）＝650＋80＝730円（30円増）
80円切手を2枚増やすと
（50×12）＋（80×2）＝600＋160＝760円（60円増）
80円切手を3枚増やすと
（50×11）＋（80×3）＝550＋240＝790円（90円増）
このように80円切手を1枚ずつ増やすと、合計が30円ずつ増えていく（鶴と亀の場合は、鶴が亀になると2本ずつ増えた）。それでは、何枚増やせばよいかというと、不足額は300円なので、300÷30＝10枚。よって、80円切手は10枚。合計で14枚買ったのだから、50円切手は、14－10＝4で4枚買ったことになる。

問題2：奇数の回数をX回とすると、偶数は（10－X）回。
3X＋5（10－X）＝40。これを解いてX＝5　Y＝5
連立方程式で解く場合：奇数X回、偶数Y回とする。
X＋Y＝10　3X＋5Y＝40。これを解いてX＝5　Y＝5

問題3：10分間走るとする⇒歩くのは20分。
進む距離⇒140×10＋65×20＝2700（m）。
実際は2475m。⇒225m減らす。走る時間を1分減らして、歩く時間を1分増やす⇒140－65＝75（m）減る。

225÷75＝3（分）、10－3＝7（分）。走る時間は7分。
または、歩く時間＝X、走る時間＝Yとすると、
X＋Y＝30　65X＋140Y＝2475
これを解くとX＝23　Y＝7となる。

問題4：トンボだけ目の数が違う。「トンボ」と「その他」に
分け、目の数で計算。「トンボ（目の数5個）」を5匹とする。
⇒「その他（目の数2個）」は9匹。
目の数の合計⇒5×5＋2×9＝43（個）。実際は37個⇒6個減
らす。「トンボ」を2匹減らして「その他」を2匹増やすと
10－4＝6（個）減る。⇒トンボは5－2＝3（匹）

トンボ3匹を除くと、羽の数は20－4×3＝8（枚）。
羽根を持つのは他には鶴（羽根2枚）だけ。
鶴の数⇒8÷2＝4（匹）。トンボ（3匹）と鶴（4匹）を除く
と、残りは亀とタコのみ。
亀とタコ⇒14－3－4＝7（匹）、
足の数⇒78－3×6－4×2＝52（本）。
亀の数を1匹とする⇒タコは6匹。
足の数⇒4×1＋8×6＝52（本）⇒亀は1匹

慣れた人は連立方程式で解く

連立方程式で解く。慣れている人はこちらの方がはやい。
求めたい数値をXとYに置き換えて方程式を組み立てる。
問題4：トンボの数の計算の場合
　　トンボの数＝X　その他の数の合計＝Yとすると、
　　X＋Y＝14　5X＋2Y＝37　X＝3
　　つまりトンボの数は3匹。

親の年齢が、子の年齢の2倍（3倍）になる年数を求める。

年齢算

 速効 POINT
2倍になる年数を求めるときは、子の年齢の
増え方も2倍になることを念頭に考えよう。

例題 現在、父は40歳で、子どもは18歳である。父の
年齢が子どもの年齢の2倍になるのは今から何年
後か。

A 2年後　　　B 3年後　　　C 4年後　　　D 5年後
E 6年後　　　F 7年後　　　G 8年後　　　H 9年後

攻略のポイントはここだ！

年齢算の典型的なパターン。まず解法の理屈を覚えよう。
（1）40歳＋X年が、18歳＋X年の2倍になるという考え方。
40＋X＝2（18＋X）簡単にすると
40＋X＝36＋2X
40－36＝X＝4

（2）現在の2人の年齢差は子の年齢の2倍にX年を加えた
ものだという考え方。
40－18＝18＋X
40－18－18＝X＝4　←父－2×子＝X

40歳		X年

18歳	X年	18歳	X年

正解⇒C

問題1●現在、父は28歳で、子は4歳である。父の年齢が子の年齢の4倍になるのは今から何年後か。

A 2年後　　　　B 3年後　　　　C 4年後　　　　D 5年後
E 6年後　　　　F 7年後　　　　G 8年後　　　　H 9年後

問題2●現在、父親の年齢は息子の年齢の6倍で、4年後には4倍になる。現在の息子の年齢はいくつか。

A 3歳　　　　　B 4歳　　　　　C 5歳　　　　　D 6歳
E 7歳　　　　　F 8歳　　　　　G 9歳　　　　　H 10歳

問題3●今年、父は46歳、母は43歳で、長男9歳、次男5歳、三男4歳である。父母の年齢の和が3人の子どもの年齢の和の3倍になるのは何年後か。

A 3年後　　　　B 4年後　　　　C 5年後　　　　D 6年後
E 7年後　　　　F 8年後　　　　G 9年後　　　　H 10年後

問題4●今年の父親の年齢は50歳、長男の年齢は22歳である。次の問いに答えよ。

（1）X年後の父親の年齢を、Xを用いて表せ。

A X歳　　　　　　　　　B （22＋X）歳
C （22－X）歳　　　　　D （50＋X）歳
E （50－X）歳　　　　　F （50－22）X歳
G （50＋22）X歳　　　　H （22X＋50）歳

（2）父親の年齢が長男の2倍になるのは今から何年後か。

A 3年後　　　　B 4年後　　　　C 5年後　　　　D 6年後
E 7年後　　　　F 8年後　　　　G 9年後　　　　H 10年後

問題の「解答」と「解説」

解答●問題1： C　**問題2：** D　**問題3：** C
　　　問題4：　(1) D　　(2) D

解説●問題1： X年後に4倍なので、

（父＋X）＝（子＋X）×4に当てはめると、

（28＋X）＝（4＋X）×4⇒X＝4

問題2：現在の息子の年齢をAとすると父親は6Aで、差は5A。
4年後の息子の年齢をBとすると、父親は4Bで、差は3B。A、
Bは整数だから、差は3と5の公倍数→15の倍数（15、30、
45、60、75……）。

差が30のとき、現在の子の年齢は6歳、父親の年齢は36歳。
4年後の子は10歳、父親は40歳（外れたら差が45、子の年
齢9歳でやってみる）。

または息子の年齢をXとするなら父の年齢は6X。

4年後は6X＋4＝4（X＋4）⇒X＝6

問題3：親の年齢の和……46＋43＝89（歳）、

子の年齢の和……9＋5＋4＝18（歳）

現在の子どもの年齢の和（18歳）は3の倍数で、1年に3人合
わせて3歳ずつ歳をとる。→子どもの年齢の和は常に3の倍数。
→両親はその3倍だから、9の倍数。89に足して9の倍になる
数は1、10、19、28……。両親は2人で2歳ずつ歳をとるか
ら、当然偶数。10だと5年後、28だと14年後……。選択肢
にあるのは「C 5年後」のみ。

89＋5×2＝99、18＋5×3＝33。

またはX年後として方程式を解くと

46＋43＋2X＝3（9＋5＋4＋3X）⇒X＝5

問題4：年齢についてのポイントは（1）「老若男女とも、1年で1つ年をとる」（2）「今年a歳の人のX年前の年齢は（a−X）歳、X年後の年齢は（a＋X）歳である」の2つだけ。ただ、2人の関係で、今年2倍であったからといって、来年も2倍になると勘違いしないこと。

X年後に、父親の年齢が長男の年齢の2倍になるとすると、X年後の父親の年齢は（50＋X）歳、長男の年齢は（22＋X）だから、50＋X＝2（22＋X）が成り立つ。

この方程式を解くと、

50＋X＝44＋2X、−X＝−6、X＝6年後。

（注）X年後として方程式を作り解いたとき、X＝−5のように負の数になったとすると、これは5年前ということになる。また同様に、X年前として方程式を作り解いたとき、X＝−6のように負の数になったとすると、これは6年後ということになる。

速解法をマスターしよう

（1）X年後に子の年齢の2倍になるX年後の父の年齢は2の倍数のはず。例えば例題のように40に足すと2の倍数になる選択肢だけを選んで、計算式に当てはめる。

（2）はじめから、いちばんシンプルにした式で計算してみよう。

以下の公式にあてはめて計算すると、暗算で解答が導きだせるので、短時間で年齢算をクリアできる。

X年後に子の年齢の2倍なら→ 父−2×子＝X

X年後に子の年齢の3倍なら→（父−3×子）÷2＝X

X年後に子の年齢の4倍なら→（父−4×子）÷3＝X

一定の法則にもとづいて並んでいるn番めの数値を求める。

数列

最初の数値（初項）と各項との差（公差）を
確認し、公式に当てはめてみよう。

 例題　3、7、11、15……という数列がある。この数列
の300番めの数を求めよ。

A 993　　　　B 1096　　　　C 1199　　　　D 1200
E 1203　　　　F 1207　　　　G 1256　　　　H 1305

攻略のポイントはここだ！

数列とは、ある一定の法則にもとづいて並んでいる数の
列のこと。並んでいる数字は「項」、最初の数字は「初項」
と呼ぶ。

この問題のように、隣り合う各項の間の差が一定の数列
を「等差数列」と呼び、各項との間の差のことを「公差」
と呼ぶ。

等差数列において、n番めの項の値は、以下の公式を作る
ことによって容易に求められる。

等差数列の公式
n番めの項＝初項＋公差×（n−1）

（1）初項は3、公差は4であるので、公式より、
n番めの項の値は　3＋4×（n−1）となる。
（2）300番めの値を求めるので、nの部分に300を代
入する。
3＋4×（300−1）＝1199

正解⇒C

問題1●次の数列には、それぞれある決まりがある。□の中にあてはまる数字を入れよ。

(1) 1 4 9 □ 25 36

A 10　　　　　B 11　　　　　C 12　　　　　D 13
E 14　　　　　F 15　　　　　G 16　　　　　H 17

(2) 1 2 4 7 □ 16

A 9　　　　　　B 10　　　　　C 11　　　　　D 12
E 13　　　　　F 14　　　　　G 15　　　　　H 16

(3) 1 2 3 5 8 □

A 9　　　　　　B 10　　　　　C 11　　　　　D 12
E 13　　　　　F 14　　　　　G 15　　　　　H 16

問題2● 1 から順序よく並べた整数に、1個、2個、3個の順に繰り返して、区切りを入れた。次の問いに答えよ。

1 │ 23 │ 456 │ 7 │ 89 │ 10……

(1) 168は何番めの区切り（例えば、8は5番めの区切りというように）に入るか。

A 75　　　　　B 80　　　　　C 84　　　　　D 90
E 95　　　　　F 101　　　　G 105　　　　H 116

(2) 121番めの区切りはどの数字の次にあるか。

A 239　　　　B 240　　　　C 241　　　　D 242
E 243　　　　F 244　　　　G 245　　　　H 246

問題3● 「隣り合う2数を加えて次の数を作る」という規則で下のように数を並べる。

1、1、2、3、5、8、13、21、……
15番めの数は何か。

A 558　　　　　B 589　　　　　C 592　　　　　D 610

E 630　　　　　F 633　　　　　G 645　　　　　H 646

問題の「解答」と「解説」

解答● 問題1： (1) G　　(2) C　　(3) E

問題2： (1) C　　(2) C

問題3： D

解説● 問題1： (1) 1番めの数が1、2番めの数が4。4=2×2と考えられるので、それが他の数にも当てはまるか考える。1×1、2×2、3×3、4×4……というように当てはめることができるのでこの数列は、自然数の数列にそれぞれ同じ数を1つ掛けると考えられる（または、前の数に奇数を順番に足すという考え方もできる。1、1+3、4+5、9+7、……）。

(2) 前の数と、次の数との差が、1・2・3・4と1つずつ増えていく。そこで、足す数を1つずつ大きくして前の数に足していけば、答えが出る。

(3) 前の2つの数字を足していく。5+8で答えが出る。

問題2： (1) 1個、2個、3個というそれぞれの区切りに惑わされると難しい。

1個、2個、3個の区切りを1セットとした場合のまとまりがいくつかということで考える。

168という数を6個ずつのまとまりで区切ると、

168÷6=28

1個のまとまりには区切りが3つあるので、

28×3＝84番めとなる。

（2） 121番めの区切りを3つずつの区切りで分けると

121÷3＝40　余り1

よって40セットめのまとまりの、次の区切りが121番めとなる。6×40＋1＝241

そこで、中に入っている数は 241。

そこにある区切りが121番めの区切りとなるので、241の次が答えだ。

問題3：n番めの数を、Anで表すと、

$A_1=1$、$A_2=1$、$A_3=1+1=2$、$A_4=1+2=3$、

$A_5=2+3=5$、$A_6=3+5=8$、$A_7=5+8=13$、

$A_8=8+13=21$、$A_9=13+21=34$、

$A_{10}=21+34=55$、$A_{11}=34+55=89$、

$A_{12}=55+89=144$、$A_{13}=89+144=233$、

$A_{14}=144+233=377$、$A_{15}=233+377=610$

となり、答えは610。

等差数列の公式をチェックしておこう

n番めの項＝初項＋公差×（n−1）

例えば、初項は1、公差は2とすると、公式より、n番めの項の値は　1＋2×（n−1）となる。

500番めの値を求めるとすると、nの部分に500を代入する。

1＋2×（500−1）=999となる。

一次関数のグラフ

速効 POINT 式とグラフの中の位置関係をおさえておこう。
Xが+のグラフは右上がり、−のグラフは右下がり。

 例題 次のグラフは、
X=0　Y=0
Y=X+1
Y=−2X+4
を表している。

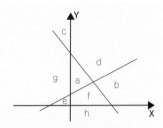

(1) 不等式X>0、Y>X+1で表される領域はどれか。

A aとd 　　B aとf 　　　C aとg 　　　D cとd
E eとf 　　F bとf 　　　G cとg 　　　H eとg

(2) 不等式X>0、Y>0、Y>−2X+4で表される領域は
どれか。

A aとd 　　B aとf 　　　C aとg 　　　D cとd
E bとd 　　F cとg 　　　G eとf 　　　H bとf

(3) 不等式X<0、Y>0、Y<X+1で表される領域はどれ
か。

A a 　　　B b 　　　　C c 　　　　D d
E e 　　　F f 　　　　G g 　　　　H h

(4) 不等式X>0、Y>0、Y>X+1、Y<−2X+4で表さ
れる領域はどれか。

A a 　　　B b 　　　　C c 　　　　D d
E e 　　　F f 　　　　G g 　　　　H h

攻略のポイントはここだ！

（1）X＞0なのでY軸より右側の領域、Y＞X＋1なので
　　　Y＝X＋1のグラフの上側の領域。

（2）X＞0なのでY軸より右側の領域、Y＞0なのでX軸よ
　　　り上側の領域、Y＞−2X＋4なのでY＝−2X＋4の上
　　　側の領域。

（3）X＜0なのでY軸より左側の領域、Y＞0なのでX軸よ
　　　り上側の領域、Y＜X＋1なのでY＝X＋1の下側の領
　　　域。

（4）X＞0なのでY軸より右側の領域、Y＞0なのでX軸よ
　　　り上側の領域、Y＞X＋1なのでY＝X＋1の上側の領
　　　域、Y＜−2X＋4なのでY＝−2X＋4の下側の領域。

正解⇒（1）A　（2）E　（3）E　（4）A

問題1●図は、次の3つの式によって示される直線のグラ
フである。次の問いに答えよ。

　ア．Y＝−4　　　　　　イ．X＝4　　　　　　ウ．Y＝2X＋2

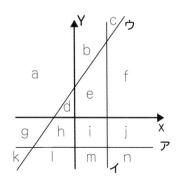

(1) a～nの領域のうち、ア～ウの3つの不等式で表される領域はどれか。

ア. Y＞－4　　　イ. X＜4　　　ウ. Y＞2X＋2

A a,b,d,e　　B d,e,h,i　　C h,i,l,m　　D a,b,g
E a,g,k　　　F b,g,k　　　G a,b,k　　　H a,g,h

(2) hとiの領域を表すのは、A～Fのどの組み合わせが適当か。

ア　Y＞－4　　イ　Y＜－4　　ウ　X＜4
エ　X＞4　　　オ　Y＞2X＋2　カ　Y＜2X＋2
キ　Y＜0　　　ク　Y＞0

Aアウオ　　　　　Bアウカ　　　　　Cアウカキ
Dアイカク　　　　Eアエカク　　　　Fアエカキ
Gアウキ　　　　　Hアウエ

問題の「解答」と「解説」

解答●問題1： (1) D　(2) C

解説●問題1：当てはまる領域をそれぞれに示す。

ア　Y＞－4

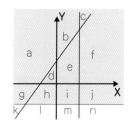

イ X＜4

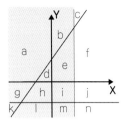

ウ Y＞2X＋2

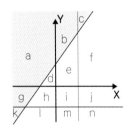

（1）アイウに共通する領域はaとbとg。

（2）（1）の問題の領域図を参照。（1）のアとイに当たる
Y＞－4、X＜4は、そのまま条件が当てはまる。

（1）のウに当たるY＞2X＋2は逆の領域が必要。

→Y＜2X＋2　そして、Yの上限が0なので、Y＜0が加わる。

これらを、（2）の選択肢で当てはめれば、**アとウとカとキ**となる。

範囲の関係をしっかりおさえる

Y＞2X＋2の場合、2X＋2の軸の上側（＋側）の範囲
Y＜2X＋2の場合、2X＋2の軸の下側（－側）の範囲
範囲の関係を間違わないよう確実におさえる。

二次関数と反比例のグラフ

 速効POINT 式とグラフの中の位置関係をおさえておこう。Xが+のとき−のときのグラフの変化を見極めよう。

例題 下の座標平面は、次の3式のグラフによってa〜hの領域に分けられている。

ア. $Y = -X + 2$
イ. $Y = X^2 - 1$
ウ. $Y = 0$

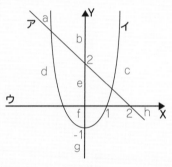

(1) ア〜ウの3式の等号を不等号に変えて、cの領域を示す不等式の組を作るとき、不等号の向きが左向き（＜）になるのはどれか。

A アのみ
B イのみ
C ウのみ
D アとイ
E アとウ
F イとウ
G アとイとウ
H どれでもない

(2) 領域cと同じ不等式の組で表される領域はどこか。

A a
B b
C c
D d
E e
F f
G g
H h

攻略のポイントはここだ！

放物線の内側・外側の見分け方：上に開いた放物線では、内側がY＞f（X）、外側がY＜f（X）であることがわかる。

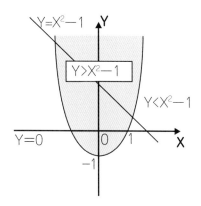

Y＞0とY＜0の領域：Y＝0のグラフはX軸そのもの（XがいくつであってもYは常に0）。

Y＞0の領域はX軸の上方（Xの値に関わらずYは常にプラス）。

Y＜0はその反対でX軸の下側（Xの値に関わらずYは常にマイナス）。

（1）cの領域は、斜線Y＝－X＋2の上側（Y＞－X＋2）、放物線Y＝X²－1の外側（Y＜X²－1）、X軸（Y＝0）の上側（Y＞0）。不等号の向きが左向き（＜）なのは、**イのみ**。

（2）領域cは斜線の上側、放物線の外側、X軸の上側。すべて共通している領域はa。

正解⇒（1）B （2）A

問題1●下の座標平面は、次のア～ウの3つの式で示される直線と放物線によって a～i の領域に分けられる。次の問いに答えよ。

ア $Y=X^2$ イ $Y=X+2$ ウ $Y=2$

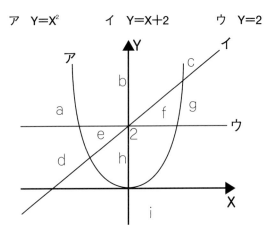

(1) $Y<X^2$、$Y<X+2$、$Y<2$で表される領域はどこか。

A b

B c

C d

D e

E f

F g

G h

H i

(2) ア～ウの等式の等号を不等号に変えて、領域aを示す
不等式の組を作るとき、不等号の組み合わせとして適
当なものを選べ。

A	ア……>	イ……>	ウ……>
B	ア……>	イ……>	ウ……<
C	ア……>	イ……<	ウ……>
D	ア……>	イ……<	ウ……<
E	ア……<	イ……>	ウ……>
F	ア……<	イ……>	ウ……<
G	ア……<	イ……<	ウ……>
H	ア……<	イ……<	ウ……<

問題の「解答」と「解説」

解答●問題1：（1）H　（2）E

解説●問題1：（1）$Y<X^2$は放物線の外側。$Y<X+2$は右上
がり斜線の下側。$Y<2$は横線の下側。すべてが当てはまる
のはi。

（2）aは放物線の外側→$Y<X^2$。右上がりの斜線の上側→$Y>X+2$。横線の上側→$Y>2$。　ア……<、イ……>、ウ……>

式とグラフの中の位置関係

直線：$Y>0$（X軸より上）、$Y<0$（X軸より下）

　　　$Y>aX+b$（右上がり直線の左上）

　　　$Y<aX+b$（右上がり直線の左下）

曲線：$Y>aX^2+b$（上向きのU字曲線の内側）

　　　$Y<aX^2+b$（上向きのU字曲線の外側）

図形の性質を利用して中にある角度を求める。

図形　角度

速効POINT 各種三角形の和、内角と外角の関係など、図形の性質をおさえて角度を求めよう。

例題 下の図で、∠ACDの大きさを求めよ。

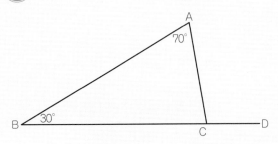

A 90°　　　　　B 100°

C 105°　　　　D 110°

E 115°　　　　F 118°

G 120°　　　　H 125°

攻略のポイントはここだ！

∠ACDは△ABCの外角だから、

∠ACD＝70°＋30°＝100°

または三角形の内角の和は180°

だから、∠ACB＝180°－70°－30°＝80°

よって∠ACD＝180°－∠ACB＝180°－80°

＝100°

正解⇒B

問題1●下の図で、ABCとA'B'C'は全く同じ三角形である。
∠CDC'を求めよ。

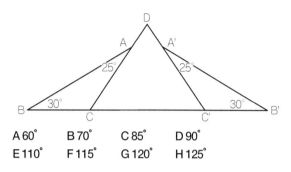

A 60°　　B 70°　　C 85°　　D 90°

E 110°　　F 115°　　G 120°　　H 125°

問題2●下の図で∠BACの角度を求めよ。

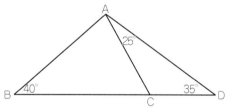

A 20°

B 30°

C 40°

D 50°

E 60°

F 70°

G 80°

H 90°

問題3●下の図は、辺AB＝辺ACの二等辺三角形である。
∠ABCを求めよ。

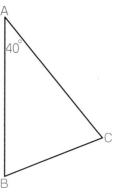

A 50°　　　B 65°　　　C 60°　　　D 70°

E 75°　　　F 80°　　　G 90°　　　H 95°

問題の「解答」と「解説」

解答●問題1：B　問題2：G　問題3：D

解説●問題1：∠C'CDは三角形ABCの外角なので、

30°＋25°＝55°

∠CC'Dも同様に55°

よって　∠C'DC＝180°－55°－55°＝70°

問題2：∠BCAは三角形ACDの外角なので、

25°＋35°＝60°

三角形の角度の和は180°なので、

∠BAC＝180°－40°－60°＝80°

問題3：二等辺三角形の底辺のそれぞれの角度は等しい。

よって　（180°－40°）÷2＝70°

三角形の角度を求める公式

おさらいの意味も含めて確認しておこう。

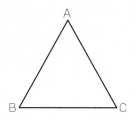

三角形は3つの内角を足すと、180°になる。
つまり、∠A＋∠B＋∠C＝180°

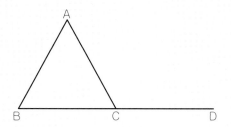

外角は、隣り合わせない内角の和と等しいことも確認しておこう。
つまり、∠ACD＝∠BAC＋∠ABCである。

上記のように、単純な出題ばかりだと解答も簡単なのだが、複雑な問題も出題されることが予想される。ただ、基本をおさえておけば、必ず解答への手がかりがあるはずだ。焦らず取り組んでいこう。

展開されている平面図を立体にしたときの図を描く。

図形　展開図

速効 POINT どの辺とどの辺がくっつくのか、どの頂点（角）とどの頂点（角）がくっつくのかを正確にイメージする。

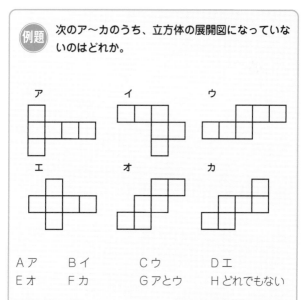

例題 次のア〜カのうち、立方体の展開図になっていないのはどれか。

| A ア | B イ | C ウ | D エ |
| E オ | F カ | G アとウ | H どれでもない |

攻略のポイントはここだ！

立方体の展開図かどうか頭の中で組み立ててみよう。重なる面がある場合には立方体にはならない（立方体の展開図ではない）。その1つの確認の方法として、立方体には向かい合う面が3組あることを利用する。すなわち、向かい合う（と自分で判断した）面に同じ印をつけてみよう。同じ印が2つずつ3組あれば（正しく印をつけたとして）、立方体の展開図といえる。

例えばアでは、同じ印をつけたものが2つずつ3組できるが、イではそうはいかない。

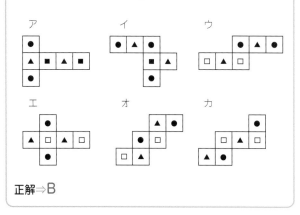

ア　　　　　イ　　　　　ウ

エ　　　　　オ　　　　　カ

正解⇒B

問題1●下の図はある立体の投影図で、立面図（真正面から見た図）と平面図（真上から見た図）を示したものである。次の問いに答えよ。

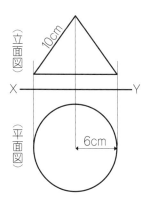

（立面図）　10cm

X —————————————— Y

（平面図）　6cm

(1) この立体の名称を答えよ。

A 円柱　　　　B 円すい　　　C 円すい台　　D 三角柱

E 三角すい　　F 円筒　　　　G 四角すい　　H 四角柱

(2) この立体の高さを求めよ。

A 4cm　　　　B 6cm　　　　C 8cm　　　　D 10cm

E 12cm　　　　F 14cm　　　　G 16cm　　　　H 18cm

(3) この立体の体積を求めよ。ただし、円周率は π とする。

A 36π cm³

B 46π cm³

C 66π cm³

D 76π cm³

E 96π cm³

F 106π cm³

G 116π cm³

H 126π cm³

問題2 次の立方体の展開図のうち、正しいものを選べ。

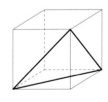

A ア　　　　　　　　B イ

C ウ　　　　　　　　D エ

E アとイ　　　　　　F イとウ

G アとウ　　　　　　H どれでもない

問題の「解答」と「解説」

解答●問題1：　(1) B　　(2) C　　(3) E　問題2：C

解説●問題1：　(2) 下の図で線分AHの長さが、この円すい
の高さを表している。三平方の定理を使って、

$$AH=\sqrt{10^2-6^2}=\sqrt{64}=8\text{(cm)}$$

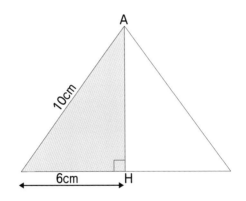

(3) 底面積が$S=\pi r^2$、高さがhであるすい体の体積Vは
$V=\dfrac{1}{3}Sh$であるから、

$$\frac{1}{3}\pi\times6^2\times8=96\pi$$

問題2：このように、表面に直線が引いてある立方体の展開
図を考えるときは、どの辺（頂点）とどの辺（頂点）がくっ
つくのかを考える必要がある。この問題では3本の直線が三
角形を作っているので、線のある頂点がくっつくかどうかが
カギになる。そうすると、アが明らかに違うことはすぐにわ
かる。イとエは線のある面が対面にきてしまうので違う。

パーソナリティテストのOPQとは？

玉手箱ⅢなどのWEBテストで実施される「パーソナリティテスト」のOPQは、仕事に関係する行動特性を測る検査だ。性格適正テストというより、職務の適正を見ることを重視した内容となっている。ただ、取り組み方はPART1で紹介した性格検査と同様と考えてよい。

このOPQで測定されるのは次の3項目の行動特性だ。

1. 人との関係

● 自己主張［説得力／指導力／独自性］

● 人づきあい［外向性／友好性／社会性］

● 他人への配慮［謙虚さ／協議性／面倒み］

2. 考え方

● 関心領域［具体的事物／データ／美的価値／人間］

● 思考［オーソドックス／変化志向／概念性／創造的］

● 物事の進め方［計画性／緻密／几帳面］

3. 感情・エネルギー

● 不安感情［余裕／心配性］

● 物事の捉え方［タフ／抑制／楽観的／批判的］

● エネルギー［行動力／競争性／上昇志向／決断力］

ちなみに、測定されたパーソナリティから導き出される行動特性は下記の9つから成り立っている。

①ヴァイタリティ、②人あたり、③チームワーク、④創造的思考力、⑤問題解決力、⑥状況適応力、⑦プレッシャーへの耐力、⑧オーガナイズ能力、⑨統率力。

ここから導き出されるタイプは下記の3つで表される。

1. 役割タイプ

2. リーダーシップスタイル

3. コミュニケーションスタイル

言語能力検査
【国語系】

同じ意味を示す言葉を選択する。

同意語

速効
POINT
示された語句で例文を作り、選択肢の語句を当てはめる。同じ漢字を含む語句に惑わされない。

例題
はじめに示した語句と同じ意味を持つ語句を
A〜Eの中から1つ選べ。

腐心：
A 苦心　B 悪心　C 安心　D 乱心　E 異心

攻略のポイントはここだ！

はじめの語句「腐心」を含む例文を作り、右側の語句から、この例文に当てはまる語句を選ぶ。一つの例文で決めかねる場合は、いくつか例文を作って当てはめる。

例：「予防法がなく治療に腐心した」「債権回収に腐心した」など。「腐心」に置き換えて使えるのは「苦心」のみ。選択肢には同じ漢字を用いた語句や、似たような意味の語句があるので惑わされないよう注意すること。

正解⇒A

問題●はじめに示した語句と同じ意味の語句を、A〜Eの中から1つ選べ。

(1) 大家：
　　A 泰斗　　B 旧家　　C 豪奢　　D 大家族　　E 大工

(2) 酷薄：
　　A 冷笑　　B 孤高　　C 酷似　　D 冷淡　　E 浅薄

(3) 愚弄：
　A 揶揄　　B 翻弄　　C 侮蔑　　D 罵倒　　E 愚劣

(4) 遺憾：
　A 困惑　　B 同意　　C 賛同　　D 残念　　E 謝罪

(5) たまさか：
　A いつでも　　　　B 思いがけず　　　　C たった今
　D 達意　　　　　　E 成就

問題の「解答」と「解説」

解答● (1) A　(2) D　(3) A　(4) D　(5) B

解説● (1) 大家〔タイカ〕とは、学問・芸術・技芸などの面で特にすぐれ、名声の高い人のこと。巨匠。「その道の大家」等と用いる。(2) 酷薄〔コクハク〕とは、むごく、思いやりがないことや様子のこと。「酷薄な人間」等と用いる。浅薄〔センパク〕＝知識や考えなどが浅く薄っぺらなこと。「浅薄な知識」。(3) 愚弄〔グロウ〕＝人を馬鹿にしてからかうこと。「人を愚弄する」等と用いる。(4) 遺憾〔イカン〕＝思っているようにならなくて心残りであること。「遺憾の意を表する」等と用いる。(5) たまさか＝偶然。思いがけず。

ウラ ワザで差をつける！ 同意語問題の攻略ポイント

●消去法で、明らかに間違いだと思う選択肢から消していく。
●与えられた語句で例文を作り、選択肢の語句と置き換えて考えてみる。

反対の意味を示す言葉を選択する。

反意語

 熟語は、問題・選択肢とも漢字の意味を考える。
ひらがな言葉は、使う状況を想像してみよう。

 はじめに示した語句と反対の意味を持つ語句を
A～Eの中から1つ選べ。
需要：
A 生産　B 配給　C 供給　D 減少　E 購買

攻略のポイントはここだ！

「需要」は、必要として求めること、またそのものをさす。
「需」には、求めるという意味があり、「要」には、必要
だという意味がある。一方、「供給」は、必要に応じて、
物を与えることであり、消費・生産のために、市場から
商品を買い取ることも意味する。まさに正反対の言葉で
あることがわかる。
正解⇒C

問題●はじめに示した語句と反対の意味の語句を、A～E
の中から1つ選べ。

(1) 堕落：
　　A 勤勉　　B 労作　　C 勤労　　D 怠惰　　E 実践

(2) 寛容：
　　A 鷹揚　　B 厳格　　C 抑揚　　D 明朗　　E 慈悲

(3) 記憶：
　　A 明確　　B 記録　　C 暗記　　D 覚醒　　E 忘却

(4) 快諾：
　　A 辞退　　B 妨害　　C 固辞　　D 拒否　　E 不承知

(5) 鈍重：
　　A 鋭敏　　B 敏感　　C 過敏　　D 機敏　　E 軽薄

(6) 老練：
　　A 熟練　　B 幼稚　　C 洗練　　D 鍛錬　　E 青年

問題の「解答」と「解説」

解答● (1) A　(2) B　(3) E　(4) C　(5) D　(6) B

解説● (1) 堕落〔ダラク〕=品行が悪くなり生活が乱れ、おちぶれること。(2) 寛容〔カンヨウ〕=心が広く、他人を厳しくとがめないこと。よく人を受け入れることやその様。鷹揚〔オウヨウ〕=ゆったりと振る舞うこと。(3) 記憶〔キオク〕=経験した物事を心の中にとどめ、忘れずに覚えていること。また、覚えている事柄のこと。覚醒〔カクセイ〕=目をさますこと。(4) 快諾〔カイダク〕=頼みを気持ちよく引き受け、承知すること。固辞〔コジ〕=固く辞退すること。(5) 鈍重〔ドンジュウ〕=動作や性質が、にぶくのろいことや様子のこと。(6) 老練〔ロウレン〕=経験を多く積み、物事によく慣れていて巧みであること。

反意語問題の攻略ポイント

●はじめの語句の使う場面を想像し、その反対を考える。
●消去法で明らかに違う選択肢を排除する。
●選択肢の反対語を考えて解答を得る。

選択肢から「尊敬語、謙譲語」になる言葉を選ぶ。

敬語

速効 POINT 就職した後にも役に立つので、基本的な敬語の規則性についてはしっかり覚えよう。

例題 はじめに示した二語の関係と同じ関係になる語句をA～Eの中から1つ選べ。

行く：参る

言う：A お話しされる　　　　B 言われる
　　　C おっしゃる　　　　　D 申し上げる
　　　E 話される

攻略のポイントはここだ！

二つの語句の関係が、最初に示した語句とその敬語（尊敬語、謙譲語）になるように語句を選ぶ問題。知っていれば解ける問題。例題は、「行く」の謙譲語「参る」の二語の関係と同じになるよう、「言う」の謙譲語である「申し上げる」を選べばよい。

正解⇒D

問題●はじめに示した二語の関係と同じ関係になる語句をA～Eの中から1つ選べ。

(1) 見る：拝見する
　　もらう：A さしあげる
　　　　　　B いただく
　　　　　　C おおさめする
　　　　　　D お受け取りになる
　　　　　　E 甘受する

(2) 見る：ご覧になる
　言う：Ａおっしゃる
　　　　Ｂ言われる
　　　　Ｃ申す
　　　　Ｄ拝聴する
　　　　Ｅおっしゃられる

(3) 聞く：お聞きになる
　来る：Ａお見えになる　　　　Ｂうかがう
　　　　Ｃ参られる　　　　　　Ｄ来ていただく
　　　　Ｅお目通しいただく

(4) 訪ねる：うかがう
　食べる：Ａくださる　　　Ｂ召し上がる
　　　　　Ｃいただく　　　Ｄ食べられる
　　　　　Ｅ食される

(5) する：致す
　知る：Ａくださる　　　Ｂ見せていただく
　　　　Ｃいただく　　　Ｄ存じ上げる
　　　　Ｅきこしめす

(6) 聞く：お聞きする
　いる：Ａおられる　　　Ｂおる　　　Ｃいらっしゃる
　　　　Ｄ参る　　　　　Ｅ伺う

(7) 行く：いらっしゃる
　する：Ａ致す　　　Ｂさせていただく　　　Ｃなさる
　　　　Ｄやっていただく　　　　　　　　Ｅ申す

問題の「解答」と「解説」

解答● (1) B (2) A (3) A (4) C (5) D
　　　(6) B (7) C

解説●敬語の基礎知識

●尊敬語：相手に敬意を表すときに使う。

相手の動作・状態・物に用いる。

① 慣用的表現

② お・ご＋動詞＋になる

③ 動詞＋れる・られる

●謙譲語：自分がへりくだることにより相手を高める。

自分の動作状態に用いる。

① 慣用的表現

② お・ご＋動詞＋する・いたす

●丁寧語：です、ます、ございます、どちら（「どっち」は×）

尊敬語か謙譲語かは主語で判断

尊敬語・謙譲語の判断は、まず、該当する敬語を使って文章を作成し、主語で判断するとよい。

●主体が私＝尊敬語、主体が他人＝謙譲語

●主語が二人称以上（Aさん、彼・彼女）の時は尊敬語。

●1人称（私）の時は、謙譲語だということを覚えておくと判断できる。

例：Aさんが、**お見えになり**ました。（尊敬語）

　　私は、Bさんのことを**存じ上げて**います。（謙譲語）

声に出して覚えよう

下記の敬語は、慣用的表現を含む主な敬語の一覧だ。SPIのためだけではなく、社会人として最低限使いこなさなければいけない表現である。使う場面を想像しながら、声に出して覚えよう。

●尊敬語

行く	：いらっしゃる
来る	：いらっしゃる、お見えになる、お越しになる
食べる	：召し上がる
いる	：いらっしゃる
する	：なさる
言う	：おっしゃる
見る	：ご覧になる
聞く	：お聞きになる
知っている	：ご存じでいらっしゃる
くれる	：くださる

●謙譲語

行く	：参る
来る	：参る、伺う
食べる	：いただく
いる	：おる
する	：致す
言う	：申す
見る	：拝見する
聞く	：お聞きする、お伺いする
知っている	：存じている（物、場所、事）、存じ上げている（名前、人）
もらう	：いただく

ことわざ・慣用句

速効POINT 意味を誤解して覚えているものがあれば、この機会にチェックしておこう。

 例題 はじめに示した二語の関係と同じ関係になる語句をA～Eの中から1つ選べ。

豆腐：かすがい
ぬか：A かなづち　　　B うでおし　　　C 納豆
　　　D 釘　　　　　　E 包丁

攻略のポイントはここだ！

「豆腐にかすがい」とは、やわらかい豆腐にかすがいを打ち込んでも役に立たないという意味。「ぬかに釘」も粉状のぬか（糠）に釘を打ち込んだところで、さっぱり効き目がないという意味で、両者は非常によく似た意味である。

正解⇒D

問題●はじめに示した二語の関係と同じ関係になる語句をA～Eの中から1つ選べ。

(1) 河童：川流れ
　　弘法：A 説法　　　B 筆をえらばず　　　C 筆の誤り
　　　　　D 修行　　　E 空海

(2) 自業：自得
　　身：A 錆　　　B 骨　　　C 粉　　　D 首　　　E 上

(3) **百折：不撓**
　　七転：A 八倒　　B 八起　　C 八難　　D 八苦
　　　　　E 八転

(4) **鼻：高い**
　　意気：A 消沈　　B 衝天　　C 軒昂　　D 阻喪
　　　　　E 揚揚

(5) **付和：雷同**
　　唯唯：A 寂寂　　B 承諾　　C 諾諾　　D 納得
　　　　　E 諾否

(6) **坊主：不信心**
　　医者：A 病　　B 看護士　　C いらず　　D 養生
　　　　　E 不養生

問題の「解答」と「解説」

解答● (1) C　(2) A　(3) B　(4) E　(5) C　(6) E

解説● (1)「河童の川流れ」……その道にすぐれている人でも、時には失敗することがあるというたとえ。「弘法にも筆の誤（あやま）り」「猿も木から落ちる」も同じ意味。ちなみに、「弘法筆を択（えら）ばず」といえば、本当の名人は道具のよしあしにかかわらず立派な仕事をすることのたとえ。Aの「説法」からは、「釈迦に説法」が連想されるが、これはよく知り尽くしている者に対して教える愚かさのたとえである。

(2)「**自業自得**」……自分の行いの結果を自分が受けることをさし、一般には悪い報いや災難を受けることに用いる。

「身から出た錆（さび）」も同様で、自分の行いが原因で自分に降りかかってきた災難のたとえであり、もっぱら悪い意味で使われる。その他、選択肢から連想されることわざや慣用句と意味は下記のとおり。

　　B：「身骨を砕く」＝苦心の限りを尽くし事に当たること
　　C：「身を粉にする」＝一生懸命に何かをすること
　　D：「身首処（ところ）を異にす」＝首を斬られること
　　E：「身上をはたく」＝全財産を使い尽くすこと

(3)「百折不撓」……どんな困難に出合っても望みを失わず立ち向かっていくこと。「七転び八起き」も同様の意味があり、七度転んでも八度立ち上がるの意味が転じて、何度失敗しても屈せずに立ち上がることを意味している。ちなみに、「七転八倒（しちてんばっとう）」とは、転んでは起き、起きては転ぶ様子を表し、転じて苦しくて転げ回ることを意味する。「激痛のあまり七転八倒する」等と用いる。

(4)「鼻が高い」……得意であることや誇りに思うことのたとえ。「意気揚揚」も、得意げなさまや、誇らしげなさまを表す。その他の選択肢から連想されることわざや慣用句と意味は下記のとおり。

　　A：「意気消沈」D：「意気阻喪（そそう）」＝元気をなくし、沈みこむこと。
　　B：「意気衝天（しょうてん）」C：「意気軒昂（けんこう）」＝意気が天を衝くほど盛んであるとの意味が転じて、威勢がよく元気な様子を表す。

(5)「付和雷同」……自分にしっかりした考えや見識がなく、他人の意見にすぐ同調することを意味する。「唯唯諾諾」も、他人の言いなりになるさまを表す言葉。

(6)「坊主の不信心」「医者の不養生」……理屈ではわかっていても、実行が伴わないこと。

声に出し、耳から聞いて覚えよう

SPI受検までに類似した意味のことわざや慣用句をセットで覚えてしまおう。

覚えるときは、できる限り声を出して耳から聞いて覚えてしまうとよい。

●蛇の道は蛇／餅は餅屋

　物事にはそれぞれの専門があること

●漁夫の利／濡れ手に粟

　苦労しないで多くの利を得ること

●縦横無尽／自由自在

　思う存分やること

●天真爛漫／天衣無縫

　飾り気がなく無邪気であること

●采配を振るう／音頭をとる

　先頭に立って指揮・監督すること

●ほらを吹く／大言壮語

　大げさな嘘を言うこと

●馬の耳に念仏／猫に小判

　価値がわからないものに与えても無駄なこと

●泣き面に蜂／弱り目に祟り目

　困ったことにさらに悪いことが重なること

●月とすっぽん／提灯に釣り鐘

　差がありすぎてつり合わず、比較にならないこと

●光陰矢のごとし／歳月人を待たず

　月日が過ぎ去るのは非常に早いこと

語句の意味を示している文章を選択する。

語句→意味

 熟語は漢字を分解してそれぞれの意味を考える。
ひらがな言葉は使う状況を想像してみよう。

 はじめに示した語句の意味として、最も適切と思われるものをA〜Eの中から1つ選べ。

並行：

A 付き添うこと

B 同時に行われること

C 同一平面上の2直線がどこまで延ばしても交わらないこと

D つりあいがとれること

E 並んで寄り添うこと

攻略のポイントはここだ！

並行は、「複数の調査を並行して実施する」などのように、物事が同時に並び行われる意味に用いられる。「並び」「行う」といったように熟語を分解して意味を考えると解答が導きやすい。Cは「平行」、Dは「平衡」。

正解⇒B

問題●はじめに示した語句の意味として、最も適切と思われるものを、A〜Eの中から1つ選べ。

(1) ふためく：

A よろめく   B 勢いに押されてひるむ

C うろたえる   D さわぎたてる

E しびれる

(2) つまびらかにする：
　A 詳しく事細かに示す
　B 詳しく問い詰める
　C 物事を比較検討する
　D 大まかに説明する
　E 物事を要約し説明する

(3) 変心：
　A 姿を変えること　　　　B 針路を変えること
　C 考え方を変えること　　D 中心から偏ること
　E 離婚をすること

(4) 知己：
　A 物事の理を悟る　　　　B 地元の有名人
　C 遠い親族　　　　　　　D 他界した友人
　E 親友または知人

問題の「解答」と「解説」

解答● (1) D　(2) A　(3) C　(4) E

解説● (1)「ふためく」とは、あわてる、騒ぎ立てるなどの様子をさす古語。(2)「つまびらか」=漢字で表すと、「詳らか」となる。

同音異義語に注意する

● 選択肢の内容を漢字（熟語）に直してみる。
● 例題のように「並行」「平行」「平衡」と発音が同じでも、意味が違う場合があるので注意する。

同じ意味を示す語句を選択する。

意味→語句

 速効 POINT はじめに示された語句で例文を作り、選択肢の語句に入れ替えて考えてみよう。

 例題 はじめに示した語句と同じ意味になる最も適切と思われる語句を、A〜Eの中から1つ選べ。

遠慮する：
A 忌憚　　B 躊躇　　C 保留　　D 辞退
E 思慮

攻略のポイントはここだ！

遠慮とは、他人に対して、控え目に振る舞うこと。言動を控え目にすることを意味する。

Aは、「忌憚のない意見をどうぞ」のように用いられるが、つまりは「遠慮せずにどんな意見でも述べてください」という意味。したがって、「忌憚」が「遠慮」という意味だとわかる。

正解⇒A

問題●はじめに示した語句と同じ意味になる最も適切と思われる語句を、A〜Eの中から1つ選べ。

(1) とりもつこと：
　　A 紹介　　B 調停　　C 修復　　D 周到　　E 斡旋

(2) 苦しい胸のうち：
　　A 苦渋　　B 苦衷　　C 苦悶　　D 苦労　　E 辛苦

(3) 納得すること：

A 会得する

B 首を横に振る

C 腑に落ちる

D 頭をしぼる

E 手を打つ

(4) 口が達者なこと：

A 口八丁　　　B 口幅ったい　　　C 饒舌

D 口吟　　　　E 口ごもる

(5) 金持ち・財産家：

A 老舗　　B 名家　　C 名門　　D 素封家　　E 公家

問題の「解答」と「解説」

解答● (1) E　(2) B　(3) C　(4) A　(5) D

解説● (1) 斡旋〔アッセン〕＝間に入って、両者の間がうまくいくようにとりもつこと。

(2) 苦衷〔クチュウ〕＝苦しく、つらい心のうち。

(4) 口吟〔クギン・コウギン〕＝詩歌などを口ずさむこと。

(5) 素封家〔ソホウカ〕＝金持ち、財産家。

消去法で、解答時間を短縮

● 意味がわかり、確実に排除できるものから省く。

● 部分的に意味が似ているもの、同じ漢字を使っているが明らかに意味が違うものを省く。

近い意味で使われている語句を選択する。

語句の使い方

 下線部の語句の意味に最も近い意味で使われていると思われるものをA〜Eの中から1つ選べ。

要点を<u>おさえる</u>:

A 席を<u>おさえる</u>　　　　B 経費を<u>おさえる</u>
C 敵を<u>おさえる</u>　　　　D 証拠を<u>おさえる</u>
E 犯人をとり<u>おさえる</u>

攻略のポイントはここだ！

言葉の使い方の微妙な違いを利用している問題。漢字を当てはめてみたり、別の熟語や他の言葉に言い換えてみたりすることで大半は解ける。例題の「おさえる」は、大切なポイントをみつけてしっかりつかむ、という意味。使い方が最も近いのは、Dの「証拠をおさえる」。

正解⇒D

問題●下線部の語句の意味に最も近い意味で使われていると思われるものをA〜Eの中から1つ選べ。

(1) <u>きせい</u>事実:
　　A 交通<u>きせい</u>　　　　B <u>きせい</u>緩和　　　　C <u>きせい</u>服
　　D 田舎への<u>きせい</u>　　E <u>きせい</u>概念

(2) 無理が<u>きく</u>:
　　A 手洗いの<u>きく</u>スーツ　　　　B 薬がよく<u>きく</u>
　　C 音楽を<u>きく</u>　　　　　　　　D うわさ話を<u>きく</u>
　　E 気が<u>きく</u>

(3) さぬきうどんは<u>こし</u>がある：

A <u>こし</u>を抜かす　　　B およびご<u>し</u>な態度
C <u>こし</u>のある紐　　　D 話の<u>こし</u>を折る
E <u>こし</u>を据える

(4) <u>あつい</u>夏：

A <u>あつい</u>飲み物　　　B 人情に<u>あつい</u>　　　C <u>あつい</u>本
D <u>あつい</u>思い　　　E <u>あつい</u>サウナ

(5) 水道が<u>とまる</u>：

A 心に<u>とまる</u>　　　B 時計が<u>とまる</u>　　　C 港に船が<u>とまる</u>
D 目に<u>とまる</u>　　　E 旅館に<u>とまる</u>

問題の「解答」と「解説」

解答● (1) E　(2) A　(3) C　(4) E　(5) B

解説● (1) 既成事実、既成概念。(2) 無理が効く（利く）・手洗いの効く（利く）スーツ=可能、薬がよく効く=効果。(3) こしのあるうどんとは、弾力性のあるうどん=弾力性のある紐。(5) 心に留まる、船が泊まる、目に留まる、旅館に泊まる。

別の言葉に言い換えてみる

● 下線部に漢字を当てはめて考えてみる。
● 「議長に薦める→議長に推薦する」のように下線部を別の熟語や他の言葉に言い換えて考えてみる。
● 違いがわからないときは、その言葉が使われる状況や対象を考えてみる。

二語の関係を判断し、同じ関係のものを選択する。

語句の関係　同意語・反意語

 同じような発音の語句や、意味の近い語句が
選択肢にあるので、十分に注意して選ぼう。

 はじめに示した二語の関係と同じ関係になる語句
をA〜Eの中から1つ選べ。

備蓄：放出

拙速：A 稚拙　　　B 巧緻　　　C 遅足　　　D 巧遅
　　　E 巧妙

攻略のポイントはここだ！

「備蓄」とは、備え、蓄えておくことで、「放出」は、蓄
えてあったものを外部に提供することをさす。したがっ
て、この二語の関係は反対語であるとわかる。「拙速」と
反対の意味を持つのは「巧遅（コウチ）」、巧みではある
が完成が遅いこと。

正解⇒D

問題●はじめに示した二語の関係と同じ関係になる語句
　をA〜Eの中から1つ選べ。

(1) 受領：授与
　　販売：A 商売　　　B 購入　　　C 購読　　　D 販促
　　　　　E 売買

(2) 弁明：弁解
　　貢献：A 寄付　　　B 関与　　　C 寄与　　　D 寄贈
　　　　　E 寄居

(3) 工面：算段
　　品格：A 物腰　　　　B 上品　　　　C 貞節　　　　D 品性
　　　　　E 気品

(4) 饒舌：寡黙
　　潜在：A 不在　　　　B 健在　　　　C 在家　　　　D 存在
　　　　　E 顕在

(5) 真摯な：真面目な
　　とにかく：A なにしろ
　　　　　　　B なおさら
　　　　　　　C どうしても
　　　　　　　D だからこそ
　　　　　　　E やっぱり

問題の「解答」と「解説」

解答● (1) B　(2) C　(3) D　(4) E　(5) A

解説● (2) 寄居〔キキョ〕=他人の家に身を寄せること。
(3) 品性〔ヒンセイ〕=人柄。品位。気品〔キヒン〕=気高い趣。どことなく凛（りん）として上品な感じ。
(4) 在家〔ザイカ〕=いなかの家。いなか。ざいけ。
(5) 真摯な〔シンシな〕=まじめでひたむきなこと。事を一心に行うさま。

漢字を分解して、意味を考える

●熟語は、漢字を分解してそれぞれの意味を考える。
●例題のように「巧遅は拙速に如（し）かず」ということわざのケースもある。

二語の包含関係を判断し、同じ関係のものを選択する。

語句の関係　包含

速効
POINT "○○は○○の一種である" という文章の○○に
当てはめると解答が出るので考えてみよう。

例題
はじめに示した二語の関係と同じ関係になる語句
をA〜Eの中から1つ選べ。

鉛筆：文具
仏教：A 宗派　　　B 宗教　　　C 流派　　　D 倫理
　　　E イスラム教

攻略のポイントはここだ！

二語の関係が、どちらかに含まれる関係（包含関係）で
あるかを確認し、同様の関係になるような語句を対とし
て選ぶ必要がある。"「鉛筆」は「文具」の一種である"
のように、包含の文例に当てはめるとわかりやすい。
"「仏教」は「宗教」の一種である"。
正解⇒B

問題●はじめに示した二語の関係と同じ関係になる語句
　をA〜Eの中から1つ選べ。
(1) 物理学：学問
　　口紅：A 香料　　　　B 食紅　　　　C 化粧品
　　　　　D おしろい　　　E メイク

(2) しまうま：動物
　　焼酎：A 飲料水　　　　B 酒　　　　C 居酒屋
　　　　　D 日本酒　　　　E ビール

(3) 農業：酪農

　鉱物：A 炭鉱　　　　B 宝石業　　　　　　C 炭素
　　　　D 産業　　　　E ダイヤモンド

(4) 雑誌：書籍

　銀行：A 保険業界　　　　　　B 金融機関
　　　　C ファイナンシャルプラン　D 貸金業
　　　　E 貯蓄

(5) ストーブ：暖房器具

　日本語：A 言語　　　B 仮名　　　C 文学　　　D 教育
　　　　　E 方言

問題の「解答」と「解説」

解答● (1) C　(2) B　(3) E　(4) B　(5) A

解説● (1) 口紅は、化粧品の一種である。

(2) 焼酎は、酒の一種である。

(3) ダイヤモンドは、鉱物の一種である。

(4) 銀行は金融機関の一種である。なお、Dの貸金業とは、消費者向け金融業者、信販会社等のことである。混同しないように。

(5) 日本語は言語の一種である。

ウラワザで差をつけろ!

つ、→ などの記号をつけておく

ケアレスミスを防ぐために、二語の関係がどちらに含まれているのか間違えないように印をつけておこう。

語句の関係　行為

速効POINT　「○○の仕事は○○」という文章の○○に当てはめると解答が出るので考えてみよう。

例題　はじめに示した二語の関係と同じ関係になる語句をA〜Eの中から1つ選べ。

医師：診察
議員：A 審査　　　B 口利き　　　C 調査
　　　D 選挙　　　E 議決

攻略のポイントはここだ！

二つの語句の関係が、最初に示した「職業」や「立場」の人とその行為になるように語句を選ぶ問題。「医師は診察する」と同じ行為関係を文章にしてみると、「議員は議決する」という文章になる。
正解⇒E

問題●はじめに示した二語の関係と同じ関係になる語句を、A〜Eの中から1つ選べ。

(1) 刑事：捜査
　　社長：A 訓示　　　B 経営　　　C 接待　　　D 指示
　　　　　E 交渉

(2) 兵士：戦闘
　　作家：A 編集　　　B 講演　　　C 執筆　　　D 作文
　　　　　E 読書

(3) コンサルタント：助言

　ドライバー：Ａ運転　　　Ｂ配達　　　Ｃ配車
　　　　　　　Ｄ操縦　　　Ｅ整備

(4) 板前：調理

　投手：Ａフォーク　　　　Ｂバッテリー
　　　　Ｃピッチング　　　Ｄマウンド
　　　　Ｅサイン

(5) カメラマン：撮影

　探偵：Ａ尾行　　　　Ｂ張り込み　　　Ｃ聞き込み
　　　　Ｄ調査　　　　Ｅ相談

問題の「解答」と「解説」

解答● (1) Ｂ　(2) Ｃ　(3) Ａ　(4) Ｃ　(5) Ｄ

解説● (1) 社長の仕事は「経営」。「訓示」「接待」「指示」「交渉」のすべてが社長の仕事の一部ではあるが、最も基本の仕事は「経営」である。(2) 作家の仕事は「執筆」。(3) ドライバーの仕事は「運転」。(4) 投手の仕事は「ピッチング」。(5) 探偵の仕事は「調査」。

「基本的な仕事」に注目する

●選択肢には紛らわしい言葉が並べられることが多いが、職業の最も基本的な仕事を選ぶ。

●例題のように選挙・口利き・調査等、付属的な仕事が選択肢になっていることが多いので、基本的な仕事を選ぶ。

二語の関係が、「原料」と「材料」の関係になる語句を選ぶ。

語句の関係　原料

速効
POINT
「○○は○○からできている」「○○は○○の原料である」という文章の○○に該当する解答を考えてみよう。

例題　はじめに示した二語の関係と同じ関係になる語句をA～Eの中から1つ選べ。

餅：米

絹：A まゆ　　B 石油　　C 羊毛　　D ウール
E 綿花

攻略のポイントはここだ！

二つの語句の関係が、最初に示した語句とその原料や材料（あるいは、その逆）になるように語句を選ぶ問題。
"「餅」は「米」からできている"と同じように文章にすると、"「絹」は「まゆ」からできている"となる。
正解⇒A

問題●はじめに示した二語の関係と同じ関係になる語句をA～Eの中から1つ選べ。

(1) そば：そば粉
豆腐：A 小麦　　　B 大麦　　　C 小豆　　　D 大豆
E にがり

(2) 陶器：土
ビーフン：A 小麦　　　B 米　　　C そうめん
D パスタ　　E そば粉

(3)　パルプ：紙
　　大豆：Aパン　　　　　B味噌　　　　　Cせんべい
　　　　　D日本酒　　　　Eビール

(4)　納豆：大豆
　　レンガ：Aコンクリート　　　B砂利　　　　Cセメント
　　　　　　D石　　　　　　　　E粘土

(5)　石炭：コークス
　　鉄：A鉄鉱石　　B炭　　C釘　　D真ちゅう　　E銀

問題の「解答」と「解説」

解答● (1) D　(2) B　(3) B　(4) E　(5) C

解説● (1)「豆腐」は「大豆」からできている。

(2)「ビーフン」は「米」からできている。

(3)「大豆」は「味噌」の原料である。

(4)「レンガ」は「粘土」からできている。

(5)「鉄」は「釘」の原料である。

あきらめるのも時間短縮の秘訣

●解答に自信が持てないときは、他の選択肢の原料関係を考えてみて、明らかに間違いだと思う選択肢から消去していくという方法も解答への近道だ。

●わからないときは、あきらめることも時間短縮の秘訣。「原料」を知らなければ解けないので、深く考え込まず、解答できない問題はやめて、できるところから解答する。

二語の関係が、「用途」になる語句を選ぶ。

語句の関係　用途

速効 POINT 「○○で○○する」という文章の○○に当てはめると解答が出るので考えてみよう。

例題 はじめに示した二語の関係と同じ関係になる語句をA～Eの中から1つ選べ。

電灯：照明
電卓：A文具　　B数学　　C計算　　D解答
　　　E機械

攻略のポイントはここだ！

二つの語句の関係が、最初に示した語句とその用途（あるいは、その逆）になるように語句を選ぶ問題。"「電卓」で「計算」する"のように、文章にすると考えやすい。つまり、解答はC。最も基本となる用途を選ぶようにすること。

正解⇒C

問題●はじめに示した二語の関係と同じ関係になる語句をA～Eの中から1つ選べ。

(1) 体温計：検温
　　はさみ：A裁断　　　B分断　　　C工作
　　　　　　D図画　　　E半分
(2) 装飾：宝石
　　撮影：Aカセットデッキ　　　Bテレビ　　　Cカメラ
　　　　　Dビデオデッキ　　　　E蓄音機

(3) トラック：輸送
　　顕微鏡：A研究　　　　B科学　　　　C拡大
　　　　　　D縮小　　　　E分子

(4) 遮光：カーテン
　　点火：Aガソリン　　　B灯油　　　　Cスイッチ
　　　　　Dマッチ　　　　E聖火

(5) ダム：貯水
　　鉛筆：A文字　　　　B筆記　　　　C勉強　　　　D記録
　　　　　E描写

問題の「解答」と「解説」

解答● (1) A　(2) C　(3) C　(4) D　(5) B

解説● (1)「はさみ」で「裁断」する。

(2)「カメラ」で「撮影」する。「ビデオデッキ」で「再生」する。

(3)「顕微鏡」で「拡大」する。「研究」も選べそうだが、顕微鏡の最も基本的な用途は「拡大」して観察することである。

(4)「マッチ」で「点火」する。「ガソリン」や「灯油」は燃料であって、点火の道具ではない。

(5)「鉛筆」で「筆記」する。

ウラ
ワザで差をつけろ！

最も基本となる用途に注目

紛らわしい語句が選択肢に含まれているが、最も基本となる用途を選ぶとほぼ間違いはない。

長文の途中にある空所を補充して文章を完成させる。

空所補充

 次の文章を読んで、後の問いに答えなさい。

　純粋経験の直接にして純粋なる所以は、単一であって、分析できぬとか、瞬間的であるとかいうことにあるのではない。かえって具体的意識の厳密なる統一にあるのである。意識は決して心理学者のいわゆる単一なる精神的要素の結合より成ったものではなく、元来一の体系を成したものである。初生児の意識の如きは明暗の別すら、さだかならざる混沌たる統一であろう。この中より多彩なる種々の意識状態が分化発展し来るのである。（**ア**）、いかに精細に分化しても、何処までもその根本的なる体系の形を失うことはない。---中略---

　ゲーテが夢の中で直覚的に詩を作ったという如きは、その一例である。或は知覚的経験では、注意が外物から支配せられるので、意識の統一はいえないように思われるかも知れない。（**イ**）、知覚的活動の背後にも、やはり或無意識統一力が働いていなければならぬ。注意はこれに由りて導かれるのである。またこれに反し、（**エ**）はいかに統一せられてあっても、必ず主観的所作に属し、純粋の経験とはいわれぬようにも見える。（**ウ**）、表象的経験であっても、その統一が必然で自ら結合する時には我々はこれを純粋の経験と見なければならぬ。

~哲学者　西田幾多郎の「善の研究」からの抜粋~

（1）（ア）～（ウ）には同じ言葉が入る。最も適した語句をA～Eの中から1つ選べ。

A だからこそ　　　B それゆえに　　　C しかし
D やはり　　　　　E そもそもは

（2）（エ）に入る言葉として、最も適した語句をA～Eの中から1つ選べ。

A 知覚的経験　　　B 純粋経験　　　C 瞬間的知覚
D 表象的経験　　　E 意識の統一

攻略のポイントはここだ！

西田幾多郎にとって、〈純粋経験〉の世界を論じた処女作であり、「西田哲学」独自の考え方や問題が素朴かつ端的に打ち出された原点的作品であり、最もよく読まれている。

（1）空欄に続く文章は否定的。したがって、A・Bのような並列の接続詞は当てはまらない。D・Eのような強調する接続詞では、一見意味が通じるように思えるが、イの後の「知覚的活動の背後にも、やはり或無意識統一力が……」という文章に「やはり」という接続詞があり、不自然。ここには「しかし」という逆説の接続詞が入る。

（2）前後を読んで重なる語句に注目。Bは、直後に「純粋の経験とはいえない」という文章が続いているので、「純粋経験が純粋の経験とはいえない」という論理は不自然。ウに「しかし」が入るとわかっていれば、「表象的経験であっても、その統一が必然で自ら結合する時には我々はこれを純粋の経験と見なければならぬ」という文脈からエには、「表象的経験」が入る。

正解⇒　（1）C　　（2）D

問題●次の文章を読んで、後の問いに答えなさい。

　私の心の奥底には確かに──凡ての人の心の奥底にある
のと同様な──火が燃えてはゐたけれども、その火を燻ら
さうとする塵芥（ちりあくた）の堆積は又ひどいものだつた。かき除けて
もかき除けても容易に火の燃え立つて来ないやうな瞬間に
は私は惨めだつた。私は、机の向うに開かれた窓から、冬
が来て雪に埋もれて行く一面の畑を見渡しながら、滞りが
ちな筆を叱りつけ叱りつけ運ばさうとしてゐた。
（ア）。原稿紙の手ざはりは氷のやうだつた。

　陽はずんずん暮れて行くのだつた。灰色から鼠色に、鼠
色から墨色にぼかされた大きな紙を目の前にかけて、上か
ら下へと一気に視線を落として行く時に感ずるやうな速
で、昼の光は夜の闇に変つて行かうとしてゐた。

---中略---

　雪片は暮れ残つた光の迷子のやうに、ちかちかした印象
を見る人の眼に与へながら、悪戯者（いたずらもの）らしく散々飛び廻つた
元気にも似ず、降りたまつた積雪の上に落ちるや否や、寒
い薄紫の死を死んでしまふ。たゞ窓に来てあたる雪片だけ
がさらさらさらさらと（イ）に音を立てるばかりで、他の
凡ての奴等（すべ）は残らず唖（おし）だ。快活らしい白い唖の群れの舞踏
──それは見る人を涙ぐませる。私は淋しさの余り筆をと
めて窓の外を眺めてみた。而（そ）して君の事を思つた。

〜作家　有島武郎「生れ出づる悩み」からの抜粋〜

**(1)（ア）には筆者の感情を表す言葉が入る。最も適した
語句をA〜Eの中から1つ選べ。**

　A 暑い　　　　　　B 眠い　　　　　　C だるい
　D 寒い　　　　　　E 嬉しい

(2) （イ）に入る言葉として、最も適した語句をA～Eの中から1つ選べ。

A ひややか　　　　B ささやか　　　　C さわやか

D にぎやか　　　　E あざやか

問題の「解答」と「解説」

解答● (1) D　(2) B

解説● (1) 空欄直後の「原稿紙の手ざはりは氷のやうだつた」という文章が手がかり。直前に「冬が来て雪に埋もれて行く」とあることから、季節は冬。Aの「暑い」は不自然。また、文脈から、心の奥底に燃える火にみじめさを感じている筆者の気持ちを際立てているとも考えられ、E「嬉しい」も×。D「寒い」が妥当。(2)「さらさら」という響きから連想される言葉を選ぶ。「○○に音を立てるばかりで……。」の文章に、選択肢を当てはめてみてもよい。この文章に続く「白い唖の群れの舞踏」とは、雪が降る様の比喩と考えられるが、その様子からD「にぎやか」やE「あざやか」は×。A「ひややか」には、「冷淡」等の意味が含まれ、文脈からはそこまでは読み取れない。

先に「問題」を読んでおく

本文よりも先に問題に目を通しておくと、**解答を導きやすい**。例えば、例題の（1）については、ア・イ・ウの空欄に接続詞が入るということを念頭に本文を読めば、前後に注意することで見当がつく。例題の（2）についても前後に隠れたキーワードを拾い上げることで、解答のポイントを外さずに読み取ることができる。

整序問題

速効 POINT 冒頭の文章で先頭にくる文章を絞り込もう。
起承転結を考え、文章をつなげてみよう。

 次の各文を並び替えた順番として最も適切なもの
をA〜Eの中から1つ選べ。

ア. 広い門の下には、この男の外に誰もゐない。唯、所々丹塗（にぬり）の剥げた、大きな円柱に、蟋蟀（きりぎりす）が一匹とまつてゐる。羅生門が、朱雀大路にある以上は、この男の外にも、雨やみをする市女笠（いちめがさ）や揉烏帽子（もみえぼし）が、もう二・三人はありさうなものである。それが、この男の外には誰もゐない。

イ. そこで、日の目が見えなくなると、誰でも気味をわるがつて、この門の近所へは足ぶみをしない事になつてしまつたのである。

ウ. 何故かと云ふと、この二・三年、京都には、地震とか辻風とか火事とか饑饉（ききん）とか云ふ災（わざはひ）がつゞいて起つた。そこで洛中のさびれ方は一通りではない。旧記によると、仏像や仏具を打砕いて、その丹がついたり、金銀の箔（はく）がついたりした木を、路ばたにつみ重ねて、たきぎの料（しろ）に売つてゐたと云ふ事である。

エ. 或日の暮方の事である。一人の下人が、羅生門の下で雨やみを待つてゐた。

オ．洛中がその始末であるから、羅生門の修理などは、元より誰も捨てゝ顧みる者がなかつた。するとその荒れ果てたのをよい事にして、狐狸が棲む。盗人が棲む。とうとうしまひには、引取り手のない死人を、この門へ持つてきて、棄てゝ行くと云ふ習慣さへできた。

～芥川龍之介の「羅生門」冒頭部分からの抜粋～

A　ア—エ—イ—オ—ウ
B　エ—ア—オ—イ—ウ
C　エ—オ—ア—ウ—イ
D　エ—ア—ウ—オ—イ
E　ア—オ—ウ—イ—エ

攻略のポイントはここだ！

高等学校の国語教科書の定番教材でもあり、馴染み深い文章である。まずは全体を読んで把握し、次に冒頭にふさわしい文章を探す。

接続詞や指示語から始まる文章は不自然なので、イは冒頭にはなりえない。また、ウやオも前の文章を受けた語句（「何故かと云ふと」「洛中がその始末」）があるので、冒頭ではないと考えられるので、アかエが冒頭の文章になると判断できる。この二つを読むと、内容から考えてエが二番目に来るのは不自然だと予想がつくので、エ・アの順番になるとわかる。

文章の内容と、つなぎとなる接続の語句に着目して、筋道が通るように組み立てていけば、初めて見る文章であったとしても、容易に解ける問題である。

正解⇒D

問題●次の各文を並び替えた順番として最も適切なもの をA〜Eの中から1つ選べ。

ア．その時の小さい疵は長く残つて居てそれを見るたびに 昔を偲ぶ種となつて居たが、今はその左の足の足首を見る 事が出来ぬやうになつてしまふた。

イ．お祭といふとすぐに子供の時を思ひ出すが、余がまだ 十か十一位の事であつたら、田舎に郷居して居た伯父の 内へお祭で招かれて行く時に余は懐剣をさして往た。

ウ．余はそれが嬉しいので、伯父の内へ往て後独り野道へ 出て何かこの懐剣で切つて見たいと思ふて終にとめ紐を解 いてしまふた。そこでその足元にあつた細い草を一本つか んでフツと切ると固より切るほどの草でもなかつたので力 は余つて懐剣の切先は余が左足の足首の処を少し突き破つ た。子供心に当惑して泣く泣く伯父の内まで帰ると果して 母にさんざん叱られた事があつた。

エ．これは余の内には頑固な風が残つて居て、男は刀をさ すべきであるが今となつてはそれも憚りであるから、せめ て懐剣でもさして往くが善いといふので母の懐剣を貸され たのである。

オ．今日は朝から太鼓がドンドンと鳴つて居る。根岸のお 祭なんである。

～正岡子規の「墨汁一滴」から抜粋～

A イ—ウ—オ—ア—エ 　B オ—イ—ア—エ—ウ
C オ—エ—ウ—ア—イ 　D オ—イ—エ—ウ—ア
E イ—ウ—エ—ア—オ

問題の「解答」と「解説」

解答●D

解説●正岡子規の「墨汁一滴」明治34年5月11日部分の抜粋。この作品は、重い肺結核を患いながらも、死の前年である明治34年の1月16日から7月2日まで、途中たったの4日を休んだだけで164回にわたって新聞「日本」に連載されたものである。例題と同様、まずは全体を読むと、現在病床にある子規が、幼少の頃自身が体験した祭りに関する思い出を回想しているものとわかる。

次に冒頭にふさわしい文章を探す。接続詞や指示語のない文章は、**イ**と**オ**であるが、**イ**にある懐剣の話題がその後も続くことを考えると、**イ**よりは**オ**を冒頭においた方が、おさまりがよい。

アの「その時」、**ウ**の「余はそれが嬉しいので」の「それ」、**エ**の「これは」の「これ」が、それぞれ何を指し示すのかを考えて、並び替えるとよい。

旧仮名遣いや、耳慣れない古語に尻込みしてしまいそうになるが、よく読めばいずれも平易な表現である。

整序問題攻略のポイント

● 選択肢の順番を見て、ポイントを絞って考える。
　 この正岡子規の問題の場合、先頭に来る文章は「イ」か「オ」と断定できる。

● 冒頭にくる文章は、ほぼ状況説明的な文章が多い。

● 最後に来る文章は、「結果〜になった。」といった結論的な文章になる。

● 最初と最後が決まれば答えは出る。

長文読解

 筆者の主張を表現しているキーワードをおさえよう。設問に目を通してから文章を読もう。

 次の文章を読んで、後の問いに答えなさい。

　或る晴れた秋の日、尋常科の三年生であつた私は学校の運動場に高く立つてゐる校旗棒を両手で握つて身をそらし、頭を後へ下げて、丁度逆立したやうになつて空を眺めてみた。すると青空が自分の眼の下に在るやうに見え、まるで、海を覗いてゐる気がした。ところどころに浮んでゐる白雲を海上の泡とも思ふのであつた。面白い事は鳥が逆さになつて飛んで行く、二羽も三羽も白い腹を見せて、ゆつくり飛んで行く。私は飽かずに眺め入つた。

　突然、「**そんな事**をしてゐてはいけません。第一体に毒ですし、又、そばを駈け廻つてゐるものがぶつかつたら、両方共に怪我をしますよ。どうして**そんな事**をするのです。」と先生に叱られた。私はまごついて遂、「何子さんも誰さんも、みんな、斯うやると面白いから、あんたもやつて見なさいと、言はれましたので……」と言ひ訳をしたのであつた。すると先生は「誰にすすめられても悪い事をすればいけません。他人のせいにして自分のいけない事を言ひ訳しやうとするのは、大変卑怯な事です」と更にたしなめられた。

　私は子供心にも先生から卑怯だと言はれた事を非常に恥かしく感じ、以後、他人の悪い事を見ても告げ口する事が出来ず、まして自分の事を他人のせいにしたりする

事が出来なくなつた。それは、初めのうちは、告げ口し度い気持が起つても愈々口に出さうとすると、嘗て先生に卑怯だとたしなめられた事が頭に浮んで私の口を引き締めてしまふのであつたが、それが段々進んで精神学的に意志制止症と言はれる程までになると、もう先生に卑怯だと言はれた事を思ひ出さずとも自然と口をつむんでしまふといふ極端な癖が付いてしまつた。

~岡本かの子「小学生のとき与えられた教訓」からの抜粋~

(1) 文中の「そんな事」の内容として、最も適切なものをA~Eの中から1つ選べ。

A 無断で学校の運動場に入ったこと

B 放課後一人で海水浴に行こうとしたこと

C 友達に罪をなすりつけたこと

D 野鳥を逆さにしていじめていたこと

E 校旗棒に逆立したようにぶらさがって空を眺めていたこと

(2) この文章の主旨と矛盾するものをA~Eの中から1つ選べ。

A 主人公は鳥が逆さに見える様子を面白いと感じていた

B 主人公は先生に本当の理由を話せなかった

C 主人公は自分の罪を他人のせいにして言い訳するのは卑怯な事だと叱られた

D 主人公は尋常科の三年生であった当時、意志制止症を患っていた

E 主人公は他人の悪い事を見ても告げ口する事が出来なくなった

攻略のポイントはここだ！

作家岡本かの子は、芸術家岡本太郎の母である。跡見女学校卒業後、与謝野晶子に師事し、「明星」や「スバル」に短歌を発表した。芥川龍之介がモデルの「鶴は病みき」によって文壇に登場し、その後さまざまな作品を残した。

（1）指示語が何を指すかは、その語句の前に答えがあることが多い。この場合も、「学校の運動場に高く立つてゐる校旗棒を両手で握つて身をそらし、頭を後へ下げて、丁度逆立したやうになつて」空の鳥に「飽かずに眺め入つた」主人公を見咎めた先生が、「そんな事をしてゐてはいけません。」とたしなめ、「第一体に毒ですし」と続けているので、Eが正解と判断できる。AからDの選択肢からは、体に毒と思われる内容は読み取れない。

（2）Dのこの文章が書かれた当時に意志制止症を患っていたという点が矛盾する。意志制止症といわれるようになったのは、この出来事をきっかけに告げ口することや、自分のことを他人のせいにしたりすることが出来なくなるという習慣が進んだ後のことであり、この文章に描かれた尋常科当時に患っていたとは書かれていない。
Bは、ここまでは文章に書かれていないが、先生にたしなめられた主人公が「私はまごついて遂、」言い訳をした、とあることから、その言い訳が本意ではなかったことが読み取れるので、文章と矛盾しないと考えられる。よって答えはDと判断できる。

正解⇒ （1）E （2）D

問題●次の文章を読んで、後の問いに答えなさい。

　オペラが総合芸術だと言われた時代があった。しかし今日において最も総合的な芸術は映画の芸術である。絵画彫刻建築は（ア）的であるが時間的でなく、音楽は時間的であるが（ア）的でない。舞踊演劇楽劇は（ア）的で同時に時間的であるという点では映画と同様である。しからばこれらの在来の時空四次元的芸術と映画といかなる点でいかに相違するかという問題が起こって来る。

　まず最も分明な差別はこれらの視覚的対象と観客との相対位置に関する（ア）的関係の差別である。舞踊や劇は一定容積の舞台の上で演ぜられ、観客は自分の席に縛り付けられて見物している。従ってその視野と視角は固定してしまっている。しかし映画では第一その舞台が室内にでも戸外にでも海上にでも砂漠にでも自由に選ばれる。そうしてカメラの対物鏡は観客の目の代理者となって自由自在に（ア）中を移動し、任意な距離から任意な視角で、なおその上に任意な視野の広さの制限を加えて対象を観察しこれを再現する。従って観客はもはや傍観者ではなくてみずからその場面の中に侵入し没入して演技者の一人になってしまうのである。それで、おもしろいことには、劇や舞踊の現象自身は三次元（ア）的であるにかかわらず、観客の位置が固定しているためにその視像は実に二次元的な投射像に過ぎない。これに反して映画のほうでは、スクリーンの上の光像はまさしく二次元の平面であるにかかわらず、カメラの目が三次元的に移動しているために、観客の目はカメラの目を獲得することによってかえってほんとうに三次元的な（ア）の現象を観察することができる、という逆説的な結果を生じるのである。

このように映像が二次元的であることから生じるいろいろな可能性のうちにはいわゆるトリック撮影のいろいろな技巧がある。**これ**によって実際の舞台演技では到底見せることのできないものを見せることが容易である。

　このようにして映画は自由自在に（ア）を制御することができる上に、また同様に時間を勝手に統御することができるのである。単にフィルムの断片をはり合わせるだけで、一度現われたと寸分違わぬ光景を任意にいつでもカットバックしフラッシュバックすることもできる。東京の町とロンドンの町とを一瞬間に取り換えることもできる。また撮影速度の加減によって速いものをおそくも、おそいものを速くもすることができるし、必要ならば時を逆行させて宇宙のエントロピーを減少させることさえできるのである。

〜地球物理学者　寺田寅彦「映画芸術」映画芸術の特異性の項からの抜粋〜

（1）文中の（ア）に当てはまる語句として、最も適切なものをA〜Eの中から1つ選べ。

A 時間　　　　　　　B 空間　　　　　　　C 無限
D 意識　　　　　　　E 立体

（2）文中の「これ」の内容として、最も適切なものをA〜Eの中から1つ選べ。
A カメラの目
B 観客の位置
C トリック撮影のいろいろな技巧
D フラッシュバック
E 任意な視野の広さの制限

(3) この文章の主旨と矛盾するものをA〜Eの中から1つ
選べ。

A かつてはオペラが総合芸術だった

B 映画は時間を勝手に統御することができる

C 映画では観客がその場面の中に侵入し没入し演技者
　の一人になれる

D 映画では観客が自分の席で見物しているため、視野
　と視角が固定される

E スクリーンの上の光像は二次元の平面である

問題の「解答」と「解説」

解答● (1) B (2) C (3) D

解説●寺田寅彦は漱石の門下生で、数多くの随筆を書いた。
(1) 文脈からも推理できるが、特に冒頭の「絵画彫刻建築は
（ア）的であるが時間的でなく、音楽は時間的であるが（ア）
的でない。舞踊演劇楽劇は（ア）的で同時に時間的である」
の部分は大きなヒントとなる。この繰り返された文章から、
（ア）が時間と対照的な語句であると想像できる。したがっ
て、Aの「時間」は外される。また、Cの「無限」は不自然。
Dの「意識」については、絵画彫刻建築と音楽の双方とも意
識的に作り上げられるものなので否定文では不適切。Eの
「立体」も「時間」との対比ではやや無理がある。よって、
時間と対照的と考えられるのは「空間」である。
(2) 選択肢をそれぞれ文章に当てはめて読み返してみると解
答が導き出せる。この場合は、指示語の最も近くにあるCの
「トリック撮影のいろいろな技巧」が正解。
(3) Dだけが舞台の観客について述べられた内容となってお
り、矛盾する。

「長文問題」の出題傾向

出題される長文問題は、おおよそ以下の5つに含まれる。いずれも長文読解のコツをおさえておけば、それほど難しい問題ではない。

1. 指示語が指している内容を聞く問題

「それ」「これ」「あれ」等の指示語が指している内容を問われる設問。直前の文章中に含まれているケースが多い。

日本語の構造上、指示語は、前に出てきた言葉を受けた省略形であるから、指示語のあとにその内容を示した語句が来ることはほぼないとみてよい。ただし、作者の主張が、キーワードとして用いられている場合は、指示語の内容が言葉を換えて文章に点在しているケースもある。

その場合は惑わされないように指示語とその指示語が指している語句まで矢印等で結んでおくと混乱せずに読み下すことができる。

2. 接続詞を空欄にうめていく問題

さまざまな場面で出題されるので、接続詞の種類や使い方を十分理解しておくこと。

空所補充は、接続詞の機能を理解していれば、文章の前後の状態でほぼ判断できる。

3. 文章のキーワードやテーマとなっている語句をうめていく問題

例えば「絵画彫刻建築は（ア）的であるが時間的でなく、

音楽は時間的であるが（ア）的でない。舞踊演劇楽劇は（ア）的で同時に時間的である」の時間と空間（＝ア）のように、対照的な語句への書き換えを求めているケースが多いので、それを念頭において問題に取りかかるとよい。

■本文中の内容を一言で表す語句をうめる設問

　例えば、「冬が来て雪に埋もれて行く一面の畑を見渡しながら、滞りがちな筆を叱りつけ叱りつけ運ばさうとしてゐた。（ア）原稿紙の手ざはりは氷のやうだつた。」とあるが、前後の文脈を良く読めば「ア＝寒い」と判断できる。

　問題文を読み下す際に、季節感やその背景はしっかりとチェックしておく必要がある。

　また、本文中の語句と同じ意味の言葉への書き換えの問題なども出題されているが、同意語の解答方法と同じように、選択肢を当てはめてみたり、熟語を分解して漢字の意味を考えたり、前後の文脈から判断する方法が解答への近道と考えられる。

4. 作者の主張や文章の主旨を聞く問題

　文章の中で述べられていることと同じ内容、もしくは違う内容の選択肢を選ぶ。これは、文章理解の正確性が問われている。

　つまり、「彼は、3歳のとき喘息だった。（過去）」と「彼は、3歳のころから喘息だった。（継続）」が同じ意味ではないように微妙なところでの落とし穴が選択肢にあるので注意が必要である。

5. 文章の並べ替え、つまり整序問題

■整序問題の3大注意点

- 文頭に接続詞が含まれる選択肢は、1番目の文章になりえない。
- 1番目にくる文章は、起承転結の「起」であるため状況説明的、テーマ説明的な文章が多い。
- 整序済みの選択肢をヒントに文章を比較して解答を絞り込んでいくと解答が素早く得られる。

また、選択肢を参考に先頭にくる文章と最後に来る文章を決めてしまえば、あとは絞られた選択肢の中から吟味すればよい。

短時間で解答を得るための チェックポイント

- 文章を読む前に必ず設問に目をとおす。何を問われているかを頭に入れて文章を読み下す。

- 作者の主張、そのキーワードにアンダーラインを引く。作者が何を言おうとしているのかを整理しながら読み下す。

- 季節、時間、場所、背景（音や雰囲気）をチェックする。空所補充、指示語などの問題に必ず役に立つ。

- 指示語と指示語が指している語句を矢印で結ぶ。読み下しながら、頭で整理するには限界があるので、問題用紙が真っ黒になるほど書き込んでしまおう。

その他の
WEBテストの
例題

WEB−CAB

「WEB−CAB」は、SE・プログラマーなどのコンピュータ関連職種向けの適性検査診断システム「CAB（キャブ）」のWEBテストバージョンだ。IT業界をはじめ、コンピュータを使用する機会の多い業界などでよく使われている。

テスト内容は以下の5項目からなり、計95分・247問となっている。

① 暗算（10分・50問）
② 法則性（15分・40問）
③ 命令表（20分・50問）
④ 暗号（20分・39問）
⑤ パーソナリティ（OPQ：30分・68問）
OPQについてはP.120参照。

① 暗算

　簡単な四則演算の問題で、文章問題もある。

② 法則性

　並んでいる5つの図形の法則性を判断し、空欄に入る正しい図形をA〜Eの選択肢から選ぶ問題。

③ 命令表

　付属されている約10種類の命令を使って、図形を変化させる。すべてを命令どおりに行ったあと、できる図形群として正しいものをA〜Cの選択肢から選ぶ問題。

④ 暗号

　付属されている「暗号文書」から、アルファベットで示された暗号の命令内容を推理し、その暗号に応じてあとに示される図形を変化させる問題。

例題① 暗算

　以下の問いに答えなさい。解答は5つの選択肢から選び、〇ボタンをクリックしなさい。

問題1：85＋36

　〇 106
　〇 111
　〇 116
　〇 121
　〇 131

問題2：128－34

　〇 84
　〇 89
　〇 94
　〇 99
　〇 104

問題3：4×86

　〇 244
　〇 328
　〇 334
　〇 344
　〇 428

問題4：568の25％

　〇 120
　〇 142
　〇 158
　〇 162
　〇 164

【問題の解答】

問題1：121　　問題2：94　　問題3：344

問題4：142

　解法の推理も要求される問題なので、解答を得るための最短の方法を探りながら練習問題にトライしてみよう。

例題② 法則性

上側の図形群は論理的な並び方をしています。？にあてはまる図形を、下側のA～Eから1つ選び、クリックしなさい。

問題1：

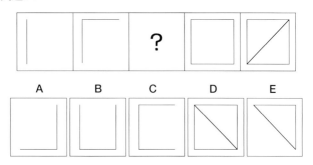

問題2：

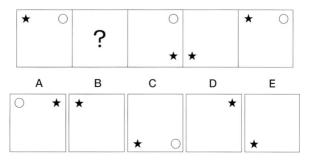

問題3：

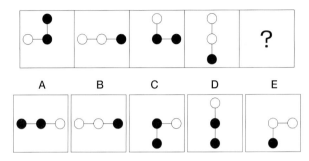

【問題の解答】

問題1：C

　直線が一本ずつ足されていく法則性を発見できたら解答できる。

問題2：D

　★は反時計回りに移動し、○は1つおきに出現するという法則性を発見できれば解答できる。

問題3：C

　中心の丸は黒→白→黒……と1回ごとに色が変わる。●が付いた直線は時計回りに90度ひとつおきに移動し、そのあと○付きの直線が同じようにひとつおきに時計回りに90度移動する。

例題③　命令表

記号	意味	例
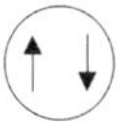 ↑↓	上下を反対にする	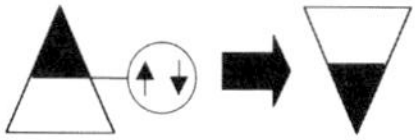
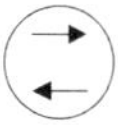 →←	左右を反対にする	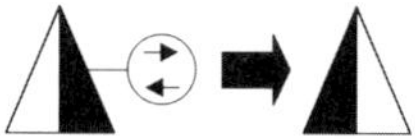
 D	下の図形を消す	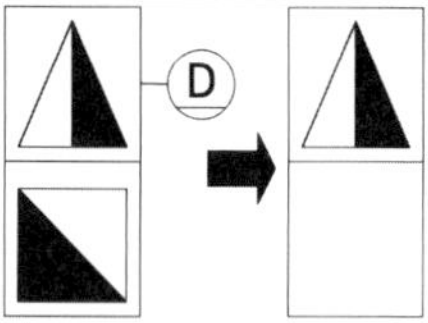
 ⊕	上の命令を中止する	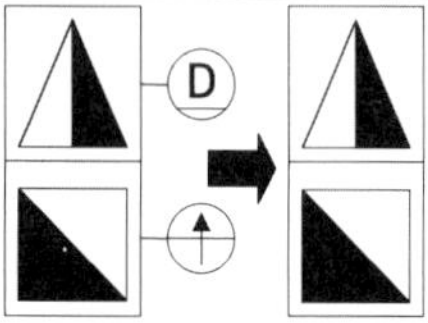
 B	図形の上から「1→2→3→4」の順序を「4→3→2→1」に変更する	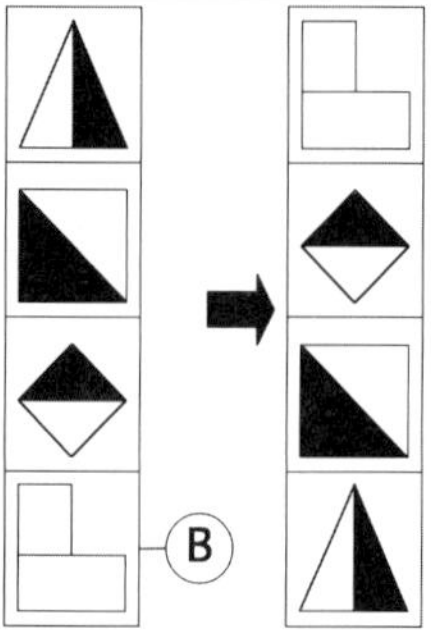

　上の【命令表】を用いて次ページの各問題に答えなさい。命令表にはいくつかの命令記号が載っています。命

令記号はボックス内の図形に特定の変化をさせます。上から順に命令を実行し、すべての命令を行ったあとの図形群がどうなっているかをA～Cから選び、クリックしなさい。

問題1:

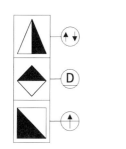

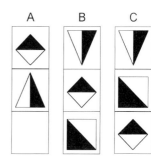

問題2:

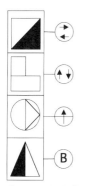

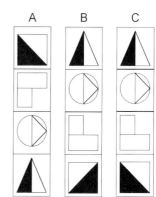

【問題の解答】

問題1:B

問題2:C

　いずれも、上から順に命令を行っていけば解ける問題。

「暗号文書」からそれぞれの「暗号」の命令内容を推理し、①〜③の？にあてはまる図形を、A〜Cから選び、クリックしなさい。指令は矢印の向きに行われ、同じ色の矢印の向きにのみ進めるものとします。

（問題2で「↑」と「⬆」の2種類の矢印が出てきます。注意しましょう）

問題1：

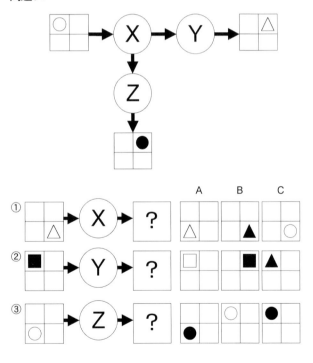

問題2：

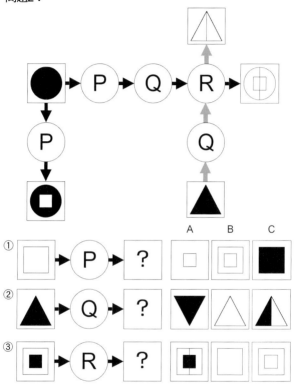

【問題の解答】

問題1：①A ②C ③A

Xは「時計まわりに1マス移動する」、Yは「三角にする」、Zは「黒くする」。

問題2：①B ②B ③A

Pは「小さい四角を入れる」、Qは「白くする」、Rは「縦中心に直線を入れる」

■お問い合わせについて

● 本書の内容に関するお問い合わせは、**書名・発行年月日を必ず明記**のうえ、文書・
FAX・メールにて下記にご連絡ください。電話によるお問い合わせは、受け付けて
おりません。

● 本書の内容を超える質問にはお答えできませんので、あらかじめご了承ください。

本書の正誤情報などについてはこちらからご確認ください。
（https://www.shin-sei.co.jp/np/seigo.html）

● お問い合わせいただく前に上記アドレスのページにて、すでに掲載されている内容か
どうかをご確認ください。

● 本書に関する質問受付は、2025年9月末までとさせていただきます。

● 文　書：〒110-0016　東京都台東区台東2-24-10　(株)新星出版社　読者質問係
● FAX：03-3831-0902
● お問い合わせフォーム：https://www.shin-sei.co.jp/np/contact-form3.html

---

わかる!! わかる!! わかる!!
SPI & WEBテスト

2024年1月25日　初版発行

編　者	新星出版社編集部
発行者	富永靖弘
印刷所	今家印刷株式会社

発行所　**株式会社新星出版社**
〒110-0016　東京都台東区台東2丁目24
電話(03)3831-0743

©SHINSEI Publishing Co., Ltd. Printed in Japan

ISBN978-4-405-02764-0